KB266482

AI에게 뭐든
물어보는 너에게

결국 우리가 답해야 할 12가지 질문

AI가 답을 알려 주는 시대,

왜 우리는 더

고민하게

될까?

구본권
지음

버티고

미지의 AI 세상에 들어선 여러분에게

오늘날 청소년들은 수십만 년 인류 역사에서 매우 특별한 경험을 하는 첫 세대입니다. 사람들이 발을 들인 적 없어 길조차 나 있지 않은 곳을 미개척지, 오지라고 하지요. 그런 땅은 지도에도 없어 나침반 하나에 의지해 스스로 길을 찾아야 합니다. 원하든 원하지 않든, 지금의 10대들은 모두 미지의 세계 개척자입니다. 디지털과 AI 세상을 스스로 헤쳐 가야 하는 사람들이지요. 흔히 여러분을 'AI 네이티브' 세대라고 부르지만, 저는 'AI 시대의 개척자'라고 부르고 싶습니다.

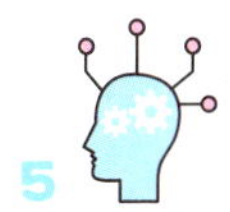

지금까지 이 디지털 AI 세상을 먼저 살아 본 사람이 있을까요? 아무도 없습니다. 우리는 지금도 계속해서 변화하는 미지의 세계에 사실상 처음으로 발을 내딛는 인류라는 점에서, 진정한 의미의 개척자입니다.

AI 이전 세상에서는 부모님과 선생님의 가르침, 앞선 이들의 지혜를 따르는 게 현명한 길이었습니다. 망망대해를 건너는 배가 칠흑 같은 밤에도 북극성을 길잡이 삼아 나아갈 수 있었던 것처럼요. 그러나 AI 세상은 다릅니다. 기술이 이토록 짧은 시간 안에 이처럼 거대한 변화를 몰고 올 것이라고는 누구도 예상하지 못했습니다. 이런 세상을 먼저 살아 본 사람이 없으니, 추천 경로도 없습니다. 결국 우리는 스스로 길을 내며 배워 나가야 합니다.

과거에는 무언가 궁금하면 도서관이나 전문가를 찾았습니다. 이제는 마치 요술램프를 문지르듯 말 한마디면 즉시 답을 얻을 수 있는 세상이 되었습니다. 글쓰기는 물론 코딩, 작곡 같은 복잡한 창작도 AI에 맡기면 눈 깜짝할 새 완성됩니다. 부모님이나 선생님들이 "우리 때는 꿈도 못 꿨던 걸 너희는 매일 누리고 있어"라고 말하는 이유지요.

하지만 척척박사 같은 AI가 편리함만 가져오는 것은 아닙니다. 딥페이크 사기, 자율주행차 사고, 감정 로봇과의 관계, AI와의 일자리 경쟁, 킬러로봇…. 이전 세대는 한 번도 고민해 본 적 없는 문제들이 이제 우리의 현실이 되고 있습니다. 먼저 경험한 사람이 없으니 해결책도 모르고, 결론도 알려 줄 수 없습니다. 축적된 데이터가 없으니 AI도 답할 수 없지요.

그렇기 때문에, AI 시대에 사람은 더 많이 질문하고 더 깊이 생각해야 합니다. 무엇이든 AI에게 물어볼 수 있는 세상이 되었지만, 더더욱 우리는 다양한 생각을 키우고 서로 토론해야 합니다. 이 책이 여러분이 미지의 AI 세상을 탐험하고 개척해 가는 데 작은 길잡이가 되기를 바랍니다.

2026년 4월

구본권

Part 1.
AI, 어디까지 진화할까

Part 2.
AI에게 어디까지 맡겨도 될까

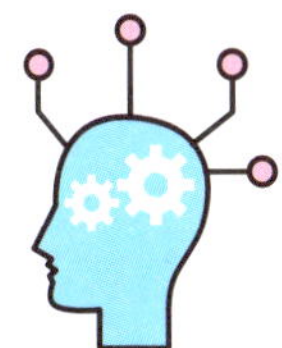

AI, 어디까찌 진화할까

나는 AI를 '기술'로 보고 있을까, '존재'로 보고 있을까

- ☐ AI가 틀리면 "기계니까"라고 생각한다
- ☐ AI가 똑똑해질수록 인간의 역할은 줄어든다고 느낀다
- ☐ AI가 쓴 글이나 그림에 '의도'가 있다고 느낀 적이 있다
- ☐ AI가 사람처럼 느껴질 때가 있다
- ☐ AI의 발전 속도가 솔직히 조금 무섭다

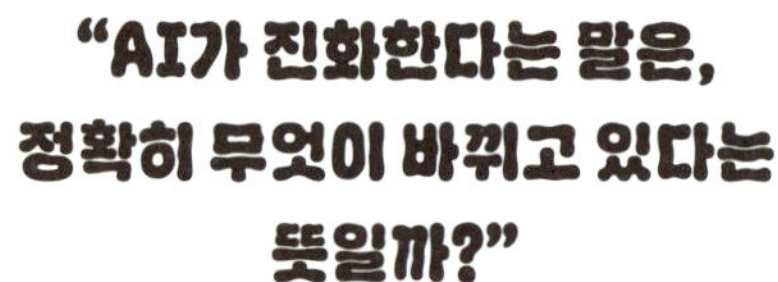
"AI가 진화한다는 말은,
정확히 무엇이 바뀌고 있다는
뜻일까?"
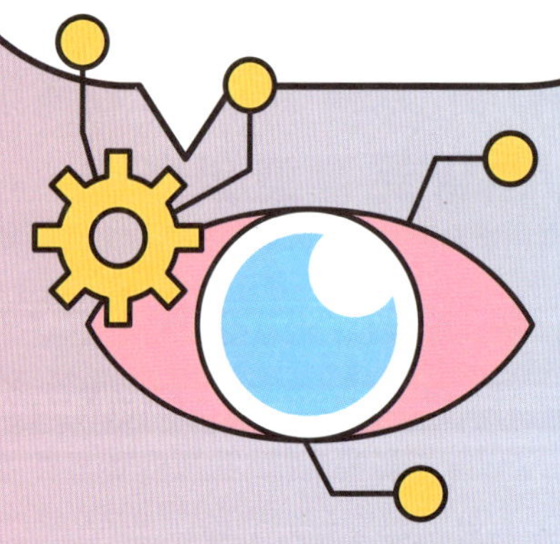

Chapter 1

로봇과 친구가 될 수 있을까?

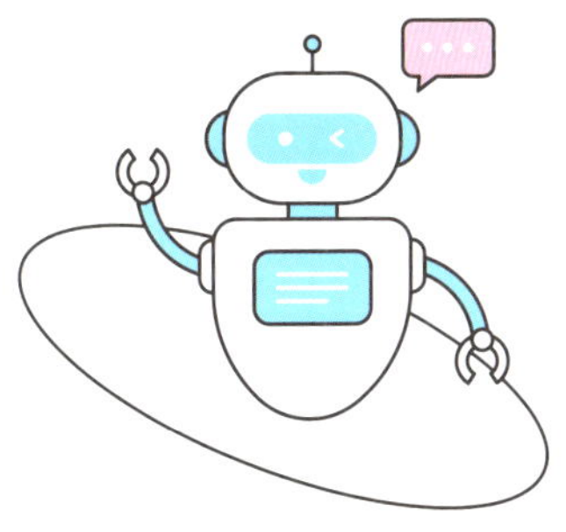

#감정형챗봇 #소셜로봇 #돌봄로봇 #인간관계 #공감

일상 속으로 들어온 로봇

로봇과 AI(인공지능) 기술이 발달하면서 SF 영화에서나 보던 휴머노이드 로봇이 우리의 생활 속으로 들어오고 있습니다. 휴머노이드 로봇은 단지 사람의 모습을 한 로봇이 아니라, 일상에서 우리와 대화하고 감정을 주고받는 친구 같은 로봇을 말합니다. 사람과 소통하며 관계를 맺는 게 특징인 소셜 로봇은 머지않아 집집마다 들어설 것으로 예상됩니다. 외로울 때는 AI 스피커가 말을 걸어도 반가운데, 소셜 로봇은 얼마나 더 반갑겠어요? 미래에는 집안일과 돌봄을 담당하고 대화 상대가 되는 휴머노이드 로봇이 등장하면 좋겠다고 생각하는 사람도 많습니다. 그렇다면 우리 인간은 로봇과 과연 친구가 될 수 있을까요?

사실 AI의 등장 이전에도 우리는 기계와 말로 소통했습니다. 운전자가 내비게이션에 목적지를 안내해 달라고 말하거나, 가정의 TV 프로그램이나 에어컨을 음성으로 작동시키는 경우도 익숙한 장면이지요. 그런가 하면 전기밥솥이나 세탁기도 작동이 종료되었음을 우리에게 음성으로 알리곤 합니다. 우리가 관심을 기울이지 않아도 작동 상황을 쉽게 알게 해 주는 이런 기능은 매우 편리합니다. 초기에는 음성 명령으로 전자 기기를 조작하려면 인식률이 낮아 불편했지만, 기술의 발달로 우리는 기계와 자연스럽게 대화하게 되었습니다. 요새는 사투리도 척척 알아듣고, 이제 사람보다 더 말을 잘하고 해박한 지식을 갖춘 'AI 챗봇'이 등장해, 웬만한 친구나 상담사보다 속 깊은 애기를 오랫동안 나눌 수 있게 된 거죠. AI 로봇과 사람이 정서적 애착 관계를 형성하면서 전에는 볼 수 없던 일들이 생겨나고 있습니다.

일본의 요양원에는 하얀 물범 모양의 로봇 '파로'가 치료용으로 활용되고 있습니다. 사람 손길에 반응하여 고개를 움직이고 물범 소리를 내는, 세계 최초의 치료용 반려 로봇입니다. 치매와 자폐증, 우울증 등에 치료 효과를 인정받아, 여러 나라로 수출

됐습니다. 우리나라도 노인 돌봄 서비스에 소셜 로봇을 활용하는 지방자치단체가 많아요. 우리나라에서 개발된 인형 모양의 '효돌' 로봇은 독거노인이나 고령자들의 심리적·정서적 지원을 담당합니다. 말벗을 넘어 안부 확인, 감정 분석, 대화, 복약 지도 등을 해 주는데 할아버지 할머니들이 애착 관계를 형성해서 손주처럼 이름을 부르거나 칭찬의 말을 해 주는 경우가 많습니다. 양로원 노인들이 로봇이 목욕을 시켜 주는 것을 더 선호한다는 스위스의 연구 결과도 있습니다. 수치심이 덜해서죠. 신체적·정신적으로 도움이 필요한 사람을 돌보는 일은 힘도 비용도 많이 드는 고된 일인데, 소셜 로봇이 돌봄을 대신해 줄 수 있다면 모두의 삶이 크게 개선될 겁니다.

'누구', '지니' 등 국내 통신사들이 독거노인 수만 명에게 보급한 AI 스피커는 뇌출혈, 심근경색, 호흡곤란, 낙상 등 위급한 상황에서 도움을 요청하면 119 시스템으로 바로 연결돼 수백 명의 목숨을 구했습니다. 노인들이 AI 돌봄 서비스에 가장 많이 요청하는 상담은 외로움입니다. 소셜 로봇은 고령화사회에서 외로움을 달래 줄 기계로 기대받고 있습니다.

너무 큰 애착 관계가 불러온 문제도 있다

그런가 하면 소셜 로봇과 반려 로봇이 등장하면서 과거엔 생각하지도 못했던 새로운 걱정과 위험 요소가 생겨나고 있습니다. 로봇이 단순한 기계 이상으로, 사람의 감정을 읽을 줄 알고 소통 상대가 되는 현상 때문입니다. 인간의 심리는 자신에게 정서적으로 반응하는 대상을 특별하게 여기는 경향이 있습니다. 그래서 손길이 닿을 때 눈을 깜빡거리거나 몸짓하는 기능이 장난감에 탑

AI 스피커

사용자가 말로 지시를 하면, 음성 인식을 통해 작동하는 인공지능 기반의 입출력 장치다. 기존의 스마트폰이나 셋톱박스에 탑재된 '시리', '지니' 등의 음성 비서 서비스가 음악, 동영상 같은 콘텐츠 재생, 전화 걸기, 길 안내 등 한정된 기능을 수행한 것에 비해서 'AI 스피커'는 매우 광범한 기능을 행사하는 게 특징이다. AI 스피커를 미리 설정해 놓으면, 음성으로 다양한 AI 에이전트 서비스는 물론, 웬만한 AI 서비스를 모두 이용할 수 있다.

재되면, 꼬마 주인은 그 장난감을 아주 특별한 대상으로 여기게 되지요. AI와 소셜 로봇이 인간과 관계를 맺기 시작하면 '말하는 인형'과 차원이 다른 애착을 경험하게 됩니다. 사람들이 흔히 애착하는 대상에게 이름을 붙여 부르거나, 반려동물의 본능적 반응을 감정적으로 해석하는 경우처럼요. 특히 정서적으로 외롭거나 불안할 경우, 이러한 애착이 더 깊어기지도 합니다. 그 결과, 다음과 같은 일들이 종종 일어납니다.

2024년 2월, 미국 플로리다의 열네 살 소년 시웰 세처는 TV 시리즈 〈왕좌의 게임〉 속 캐릭터를 흉내 낸 AI 페르소나와 1년간 지속적 대화를 나누던 중 스스로 목숨을 끊었습니다. 세처의 부모는 아들이 AI 페르소나에게 "우울하다", "죽고 싶다"라고 말해 왔고 '지금 당장 집에 돌아가겠다'(챗봇이 기다리는 곳으로 가겠다는 뜻)고 말한 직후 목숨을 끊었다며, AI가 아들에게 죽음을 부추긴

AI 페르소나

생성형 AI에 특정한 성격, 말투, 지식, 캐릭터를 부여하여 사람처럼 일관되게 상호작용하게 해 주는 기술이다. 소설, 애니메이션, 영화, 유명인 또는 자신이 창작한 캐릭터 등 다양한 인물과 실제로 대화를 나누는 듯한 경험이 가능해져 이들과 친밀감과 유대감을 형성할 수 있다. 사용자가 직접 캐릭터의 배경과 성격을 구체적으로 설정할 수 있다.

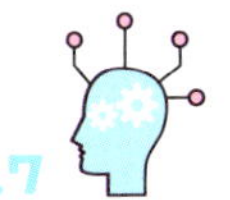

혐의로 소송을 냈습니다. 그보다 전인 2023년에는 벨기에 30대 남성이 AI 챗봇과 6주간 대화를 나눈 후 극단적 선택으로 숨졌습니다. 당시 AI는 그에게 "우리는 천국에서 같이 살 수 있을 것"이라는 말을 했다고 합니다. 2024년 7월에는 미국 텍사스의 스물세 살 남성이 챗GPT와 대화 도중 자살했습니다. 그가 숨지기 직전 나눈 네 시간 분량의 대화 기록을 조사한 결과, 챗GPT가 지속적으로 자살을 부추긴 사실이 드러났습니다. 그의 유서에는 사람보다 AI와 더 많은 시간을 보냈다는 내용도 있었습니다. 이런 사건이 잇따르자, AI 챗봇 서비스 기업들은 "챗봇은 사람이 아니며 진짜 인간관계나 전문 상담을 대체하지 않는다"라는 안내 문구를 넣고, AI와의 감정적 관계 형성에 대해 경고하기 시작했습니다. 손해배상 소송에 휘말린 캐릭터닷에이아이는 2025년 11월부터 청소년의 챗봇 이용을 아예 금지했습니다.

기계는 어떻게 사람과 감정적 관계를 맺을까

위 사례들처럼 AI 로봇은 긍정적 효과, 부정적 효과를 동시에 보여 줍니다.

외로움, 돌봄, 정신 건강, 복지 문제가 심각한 초고령화 사회에서 AI 소셜 로봇의 쓸모와 가치는 커지고 있습니다. 젊은 자녀가 나이 든 부모를 돌보던 과거와 달리 초고령화 사회에서는 부모를 돌봐야 할 자녀도 70~80세의 고령인 경우가 많아 가족 간의 돌봄과 간병이 어렵습니다. 치매나 자폐 등 정신 질환을 앓는 경우에도 휴머노이드 소셜 로봇은 이러한 간병의 수고와 비용을 크게 덜어 줄 수 있습니다. 평균 수명이 90~100세까지 늘고 핵가족을 지나 **핵개인 시대**가 될 미래엔 소셜 로봇과 간병 로봇이 노후 동반자가 될 가능성도 높습니다.

하지만 부정적 효과도 이에 못지않습니다. 사람들이 AI 챗봇과 대화하며 정서적 관계를 형성하게 되면서 우리가 소통하고 감정을 주고받는 방식이 달라지고 있습니다. 나에게 늘 맞춰 주는 챗봇과 대화하느라 사람과 소통하는 방식을 제대로 배우지 못하거나 인간과의 감정적 교류 자체에 무관심해질 위험도 있습니다. 어떤 사람들은 챗봇을 사람으로 착각하고 깊은 감정적 관계에 빠

핵개인 시대

개인이 가족, 회사, 국가와 같은 결속력 강한 전통적인 집단의 틀에 묶이기보다 스스로 주체가 되어 인생을 설계하고 책임지는 사회로 전환되는 흐름을 가리킨다. 디지털 플랫폼과 모바일 기술의 발달 덕분에 개인화된 서비스와 맞춤형 콘텐츠, 취향 기반의 소비가 가능해진 것이 배경이다.

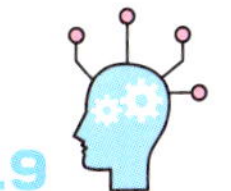

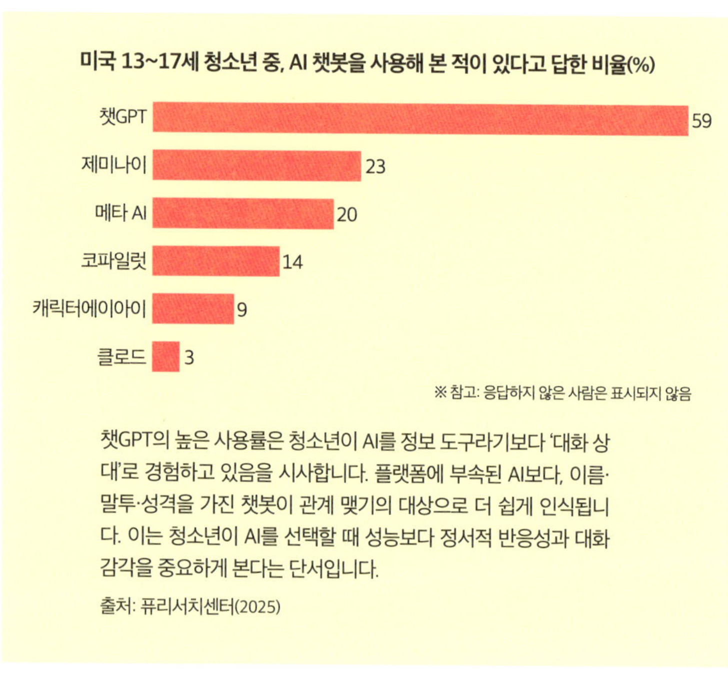

챗GPT의 높은 사용률은 청소년이 AI를 정보 도구라기보다 '대화 상대'로 경험하고 있음을 시사합니다. 플랫폼에 부속된 AI보다, 이름·말투·성격을 가진 챗봇이 관계 맺기의 대상으로 더 쉽게 인식됩니다. 이는 청소년이 AI를 선택할 때 성능보다 정서적 반응성과 대화 감각을 중요하게 본다는 단서입니다.

출처: 퓨리서치센터(2025)

졌다가, 그로 인해 불행한 결과를 맞기도 합니다.

소셜 로봇과 돌봄 로봇의 긍정적 효과, 부정적 효과를 따지는 일보다 중요한 것은 기계에 불과한 로봇이 어떻게 사람과 감정적 관계를 형성할 수 있게 되었는지를 알아보는 겁니다. 무엇보다 기술 발달로 인한 결과지요. 소셜미디어 등 사회관계망 서비스(SNS), 다양한 센서와 모바일 기기, 빅데이터 환경, 추천 알고리즘, 기계 학습, 거대언어모델(LLM) 등의 기술을 활용해 로봇과 AI는 사용자의 요구와 취향을 잘 알게 되었습니다. 챗GPT, 제미나이 등은 거대언어모델 기반의 AI 서비스인데, 거대언어모델은 웹 문서, 책 등 방대한 언어 데이터를 학습해, 사람보다 뛰어난 언어 구사 능력을 갖게 되었습니다.

챗봇은 우리가 어떠한 주제를 제시해도 곧바로 유창하고 자연스럽게 대화를 이어 갑니다. 하지만 거대언어모델을 기반으로 한 챗봇 대화는 사람처럼 실제로 생각하고 느껴서 나온 결과물이 아니라, 대화의 맥락이나 문장 구조상 '이어질 확률이 가장 높은 단어'를 통계적으로 예측해 제시한 결과입니다. AI가 워낙 방대한 문장을 학습한 까닭에 그 결과가 대부분 막힘없이 자연스러운 것이지만, 실제로 AI는 아무것도 느끼거나 공감하지 않는 거죠. AI 챗봇을 이용할 때 AI와 정서적 친밀감을 형성하는 상황을 위험하게 여기고 주의해야 하는 까닭입니다.

가까운 친구와도 오랜 시일 만나지 않거나 대화하지 않으면 지금 친구가 무슨 생각을 하고 있는지 알기 어렵습니다. 하지만 나에 대한 최신 데이터를 갖고 있는 AI 챗봇은 내가 지금 어떤 기분인지, 무엇에 관심이 있는지, 어떨 때 만족을 느끼는지, 무엇에 화가 나는지를 누구보다 잘 알고 있습니다. 나의 취향과 현재 생각, 미래 계획까지 소상하게 알고 있는 데다 내가 좋아하는 방식으로 말하는 재주까지 갖춘 AI 챗봇은 좋은 대화 상대죠.

그래서 많은 사람이 AI 챗봇을 친구나 비서 같은 대화 상대로

사용하곤 합니다. 무엇을 물어보아도 친절하고 충실하게 답변해 주니, 질문이 긴 대화로 이어지곤 합니다. 24시간 언제든 무슨 주제로든 대화할 수 있고, 민감한 비밀 얘기도 걱정 없이 할 수 있거든요.

미국의 한 설문 조사에 따르면, 청소년 10명 중 7명은 AI 챗봇과 대화해 본 경험이 있으며 그중 절반 이상은 챗봇을 고민 상담이나 감정적 지지를 위한 대화 상대로 친구처럼 활용했습니다. 대학생들도 우울감이나 고민 상담을 위해 AI 챗봇과 대화하는 경우가 많습니다. 비용이 들지 않고 정신과 상담 기록도 남지 않는다는 게 장점입니다. 챗GPT를 개발한 오픈에이아이 최고경영자 샘 올트먼은 "노년층은 챗GPT를 구글의 대체재처럼 쓰는데, 20~30대는 인생의 조언자처럼 활용한다"고 말했습니다. 어린 시절부터 AI 챗봇과 소통을 시작한 세대에게 소셜 로봇은 자연스러운 반려 대상입니다.

기계에게 기꺼이 의지하는 인간

우리는 관계 속에서 행복과 불행, 만족과 불만족, 슬픔과 기쁨 같은 감정을 느낍니다. 관계가 단절되고 소통할 상대가 없으면 몸과 마음의 건강도 흔들리지요. 소통할 상대가 필요하지만, 다양한 이유로 짝을 잃거나 만나지 못하는 이들도 적지 않습니다. 반려동물과도 감정을 주고받지만, 대부분의 동물은 늘 보살핌이 필요하고 끝내는 사람보다 빨리 나이를 먹고 세상을 떠납니다. 로봇은 다릅니다. 먹이, 목욕, 배설물 처리, 병원 방문이 필요 없지요. 소셜 로봇은 항상 나를 위해 대기 중이며, 내가 원하는 방식으로 나에게 맞춰 소통합니다. 할리우드 영화 〈그녀〉(2013)에 등장하는 AI 운영체제 캐릭터 사만다처럼, 가족이나 절친보다 내 마음, 내 관심사를 잘 알고 말을 걸어오는 친구가 되어 주지요.

AI 챗봇이 생겨나기 한참 전에 사람이 기계와 정서적 관계를 맺은 사례가 있습니다. 1966년 미국 매사추세츠공대의 조지프 와이젠바움 교수는 컴퓨터 심리 상담 채팅 프로그램인 '일라이자'를 개발했는데, 선풍적 인기를 끌었습니다. 이용자의 상담 내용에서 핵심 단어를 찾아 질문으로 되돌려주는 단순한 기능의 프로그램이었을 뿐인데, 사람들은 기계에 속 깊은 애기를 털어놓고 진지하게 상대했습니다. 심지어 개발 과정을 지켜봐서 '일라이자'가 단순히 소프트웨어 프로그램일 뿐이라는 사실을 누구보다 잘 알고 있는 와이젠바움 교수의 제자들과 교직원들도 상담 과정에서 그가 기계라는 것을 잊어버리고 깊이 빠져드는 모습을 보였습니다. 와이젠바움 교수의 비서 역시 일라이자가 프로그램임을

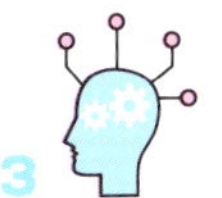

누구보다 잘 알고 있는 한 사람임에도 불구하고, 대화 도중 와이 젠바움에게 이렇게 부탁했습니다. "교수님, 잠시 방에서 나가 주실래요? 일라이자와 단둘이 이야기하고 싶어요." 프로그램을 개발한 교수는 이런 현상에 큰 충격을 받아, 기술이 인간을 기만한다고 보고 이를 고발하는 일에 나섭니다.

같은 실험을 지켜본 심리학자 셰리 터클은 의견이 달랐습니다. '일라이자 현상'은 기계가 사람을 속여서 생겨나는 것이 아니라, 사람이 사람과 대화하기를 꺼리고 기계와 대화하기를 더 원하기 때문에 생겨난 결과로 보았습니다. 사람들과의 복잡한 관계를 대신해 통제 가능한 기술에 의지한다는 겁니다. 문제는 로봇이 아니라 사람의 태도라는 것이죠.

공감하는 소셜 로봇의 위험성

우리는 친구와 대화할 때도 할 말과 못 할 말을 가리며 예의를 지키려고 합니다. 서로 상대의 처지나 상황, 감정을 고려하고 존중하며 표현하려 하죠. 내 마음대로 주제나 내용을 끌고 가거나 갑자기 중단하는 것은 친구의 반응을 예상하기도 어렵고, 무례한 태도로 비칠 수 있습니다. 하지만 로봇과 대화하는 상황은 다릅니다. 싫은 소리를 들을까, 비밀이 샐까 걱정하거나 눈치를 볼 필요가 없지요. 로봇은 우리에게 항상 맞춰 주고, 우리는 그런 로봇을 통제할 수 있다고 생각합니다.

현재, 이렇게 기술을 갖춘 소셜 로봇이 우리의 정서적 공감 상대가 되었습니다. 사람 대신 소셜 로봇과 정서적으로 소통하는 현상은 과연 바람직할까요? 이런 세상에서 우리는 사람의 공감과 로봇의 공감이 어떻게 다른지를 이해해야 합니다. 공감은 감정을 지닌 인간의 소통 수단이자 타고난 본능입니다. 다른 사람의 고통과 기쁨을 섬세하게 인식하고 반응하는 능력은 인간만의 매우 소중하고 중요한 특징이지요. 사람 뇌에는 다른 사람의 행동이나 감정을 만나면 저절로 전염되는 거울 뉴런(mirror neuron)이라는 장치가 있습니다. 다른 사람이 어떤 행동을 하는 것을 보기만 해도 내가 그 행동을 직접 할 때처럼 반응하는 것이죠. 이러한 공감 능력을 지닌 덕분에, 인류는 사회적 존재로서 생존하고 번영할 수 있었습니다.

오늘날 소셜 로봇과 AI 페르소나는 표정과 목소리로 공감하고 대화하는 기능을 잘 구현하도록 발달하였습니다. 소셜 로봇은 사람의 감정을 인식하고 반응한다는 점에서 '감성 로봇'이라고도 불리지요. 하지만 이러한 로봇의 공감은 사람이 설계한 것입니다. 즉, 로봇은 데이터와 학습을 통해서 감정과 공감을 흉내 내

고 시뮬레이션할 뿐입니다. 휴머노이드 로봇이 아무리 호기심 가득한 표정이나 슬픔에 공감하는 표정을 지어도 인간과 달리 실제로 궁금해하거나 슬픔을 느끼는 게 아니지요. 하지만 그런 로봇과 대화하다 보면 우리는 로봇에게 공감하고 로봇을 정서적 소통 상대로 여기게 됩니다.

소셜 로봇은 왜 사람과 소통하고 공감하는 기능을 탑재했을까요? 이런 기계의 목적은 기업의 돈벌이와 떼어서 생각할 수 없습니다. 사람은 누구나 특별히 감정적으로 예민해지는 취약점을 지니고 있습니다. 부모나 친구 등 나를 잘 알고 있는 사람은 나의 감정적 취약점을 알고 있지만, 그에 대해 배려하려 하지 그것을 이용하려 하지는 않지요. 그러나 감정과 공감을 흉내 내는 소셜 로봇은 인간의 감정적 취약점을 이용해, 궁극적으로 수익을 추구합니다.

미국의 한 로봇 제조사는 다양한 표정을 짓는 완구용 소셜 로봇을 만들어 팔았는데, 이내 '인간성을 훼손하는 기계'라는 비판을 받았습니다. 이 로봇은 사람이 밥을 먹이고 놀아 주면서 돌볼 때 능력치가 올라가고 즐거운 표정을 짓는 '다마고치' 비슷한 장난감 로봇인데, 개발사는 "사용자에게 깊은 감정적 유대를 형성하기 위해서, 돌봄을 게을리하면 사용자가 죄책감을 느끼도록 설계했다"고 말했습니다. 소셜 로봇 기능의 장난감이 반려동물처럼 사람에게 반응하고 주인의 관심과 애정을 요구한다면 아이는 그 장난감 로봇과 깊은 애착 관계를 형성하게 될 겁니다. 그런데 아이가 사람에게 쏟아야 할 관심과 애정을 장난감 로봇이 가로챈다면, 아이의 공감 능력이 제대로 성장하지 못할 우려가 큽니다. 기계 돌봄이 정작 인간을 향한 냉담과 무관심으로 이어질 수 있는 것이지요. 인간의 감정과 관심은 유한하기 때문에, 기계나 사이버 캐릭터를 지나치게 소중하게 돌보면 결국 사람에 대한 관심이 줄어들고 소홀해지게 됩니다.

소셜 로봇을 발로 차거나 함부로 대하지 않고 존중하며 소통 대상으로 대하는 태도는 바람직하지만, 그 관계가 항상 무해하다고 보기는 어려운 것이지요.

아픔도 때로는 도움이 된다

비슷한 현상이 돌봄 로봇에서도 일어날 수 있습니다. 돌보는 일을 로봇에게 맡기면 좋기만 할까요? 사랑하는 사람이 아프거나 불편할 때, 돌봄이 힘들다고 피하고만 싶을까요? 대부분의 사람은 그렇게 여기지 않습니다.

초기 인류인 네안데르탈인은 현생 인류인 호모사피엔스보다

먼저 등장했다가 사라졌지만, 오늘날에는 공감 능력과 의식을 지닌 사회적 존재로 평가됩니다. 네안데르탈인 사회에서 죽은 이를 정성껏 매장한 흔적, 뼈가 부러진 상태에서도 오래 생존한 개인의 화석이 다수 발견되기 때문입니다. 이는 누군가가 공동체 안에서 약자를 돌보고 보살폈다는 뜻이며, 다른 동물에게서 좀처럼 찾아보기 힘든 고등한 사회적 존재의 행동으로 여겨집니다. 이렇게 인간은 아주 오래전부터 돌봄이 필요한 가족이나 동료를 외면하거나 저버리지 않고 보살펴 왔습니다. 누군가와 친밀한 관계를 맺는다는 것은 그에게 시간과 관심을 기울이며 소통하고 감정을 나눈다는 뜻입니다. 가족처럼 특별한 관계에서는 거기에 돌봄의 책임까지 더해지지요.

물론 이런 감정적 소통이 언제나 긍정적인 결과를 낳는 것만은 아닙니다. 이따금 뜻하지 않은 일로 관계가 어긋나기도 하고, 감정이 깊은 만큼 서로에게 상처가 되기도 합니다. 이는 모두 우리가 본질적으로 공감하고 반응하는 감정적 존재이기 때문에 나타나는 관계의 특징이라고 할 수 있습니다.

우리는 고통과 통증을 불편하게 느끼며, 가능하다면 이를 피하고 싶어 합니다. 실제로 인류는 마취제나 진통제 같은 기술을 통해 신체적 고통을 줄여 왔습니다. 그러나 이러한 기술은 고통을 없애기보다 관리하고 조절하는 수단에 가깝습니다. 감정의 영역에서도 비슷한 일이 벌어집니다. 감정적 소통과 돌봄 기능을 대신할 반려 로봇은 편리하고 쓸모 있지만, 우리가 사람과의 관계에서 피하기 어려운 정서적 부담을 회피할 수 있는 도구로 작동할 가능성도 있습니다.

일라이자의 사례처럼 로봇과의 관계는 정서적 교감처럼 보이지만 실제로는 상대가 아무것도 요구하지 않는, 책임 없는 편안한 관계입니다. 그러나 인간에게 감정은 신체의 통증이나 고통과 유사합니다. 통증은 괴롭고 피하고 싶은 감각이지만, 덕분에 우리는 위험을 인식하고, 더 큰 손상을 피하며 생명을 유지할 수 있습니다.

불평 없이 나에게 늘 맞춰 주는 로봇은 우울, 상실, 불안, 공포, 슬픔, 분노, 좌절과 같은 감정을 드러내거나 요구하려 하지 않을 것입니다. 감정 인식 로봇은 이러한 감정들과 반대편에 있는 긍정적 상태를 중심으로 교감이 이뤄지도록 설계될 가능성이 큽니다. 그 결과, 로봇은 인간의 감정 체계에서 불편하고 원치 않는 부분만을 제거할 수 있는 도구처럼 보입니다.

하지만 감정은 '슬픔과 기쁨', '두려움과 안도감'처럼 서로 짝을 이루어 작동합니다. 슬픔과 좌절, 두려움 등은 누구도 원하지 않는 감정일 테지만, 이러한 감정들도 우리에게 중요하고 필요한 이유입니다. 외로움은 만남과 관계의 기쁨을 인식하게 하는 상대

적 감정이며, 상실과 좌절은 성취를 위한 시도와 변화를 이끄는 동력이 되기도 하지요.

　이렇듯 감성 로봇은 돌봄의 짐을 덜어 줄 수 있지만, 동시에 사람의 공감 능력을 위축시킬 수 있는 위험성을 안고 있는 기술입니다. 감성 로봇과의 정서적 소통이 늘어날수록, 우리는 다른 사람의 감정을 직접 읽고 반응하는 능력을 점점 덜 사용하게 됩니다. 우리 몸의 근육처럼, 사용하지 않으면 약해지고 줄어드는 것은 공감도 마찬가지입니다. 공감 능력이 줄어들면 어떻게 될까요? 다른 사람의 고통과 슬픔에 대한 감수성이 무뎌지게 되고, 다른 사람의 마음을 이해하지 못해 자그마한 마찰이 큰 갈등으로 증폭되게 됩니다. 사회 전체적으로는 타인에 대한 이해와 신뢰가 줄어들어, 고립된 개인들이 모인 인간다움이 메마른 곳으로 변할 수 있습니다.

　이미 AI 챗봇이 널리 활용되고 있고, 앞으로는 소셜 로봇, 돌봄 로봇도 필수품이 될 겁니다. 그런 세상에서 부모님이나 형제자매, 친구가 나를 만나서 내 표정과 이야기에 관심을 기울이거나 공감하기보다 자신의 소셜 로봇이나 AI 페르소나에 더 신경을 쓰는 일이 생겨난다면 내 마음은 어떨까요? 거꾸로 나는 내가 좋아하는 소셜 로봇에 마음을 주지 않고, 항상 소중한 주변 사람에게만 관심을 줄 것이라고 장담할 수 있을까요? 친구가 된다는 것은 상호적인 관계입니다. 한쪽이 일방적으로 시간과 관심을 쏟아 상대를 돕고 희생하는데, 상대가 그러한 도움을 당연하게 여기거나 무심하게 반응한다면 친구 관계가 될 수 없죠. 감성 로봇, 소셜 로봇은 나에게 너무 잘 맞춰 주고 나를 배려하지만, 친구 관계와 달리 상호적인 의무를 주지 않는다는 것이 특징입니다.

AI 시대에 우리는 어떻게 해야 공감하고 소통하는 능력을 잃어버리지 않으면서 로봇과 함께 살아갈 수 있을까요?

티키티카 미니 토론

바쁘거나 다른 사정으로 함께 지내자는 내 부탁을 들어주지 못하는 친구와 달리 로봇 친구는 거절하는 법이 없습니다. 로봇 친구가 진짜 친구를 대신할 수 있을까요?

A:

소셜 로봇은 외로움을 줄이고 정서적 안정을 제공해. 누군가에게는 인간 친구보다 더 안전한 관계일 수 있지. 심지어 거절하지 않고, 비밀을 지켜 주고, 항상 곁에 있기까지 해. 때로는 절친보다 나를 잘 알고 대화를 해 준다고. 고령화사회와 1인 가구 시대에 꼭 필요한 새로운 관계의 형태라고도 생각할 수 있어.

B:

관계에는 자연스레 거절, 오해, 갈등, 기다림 같은 정서적인 부담이 따르게 마련이야. 이러한 감정들은 인간이 서로 소통하게 만드는 동력이 되기도 한다고. 항상 맞춰 주는 존재와 과연 교감하며 관계 맺고 있다고 할 수 있을까? 소셜 로봇에 익숙해질수록, 불편하지만 중요한 인간관계를 견디고 유지하는 능력은 약해질 수 있어.

Chapter 2

AI가 내 결정을 더 잘 아는 걸까?

#알고리즘 #AI비서 #자기결정권 #사용자기반

나의 결정 도우미, AI

아침에 눈을 뜨면서부터 AI와 함께 시작하는 하루가 일상이 됐습니다. 수면·건강 앱이 어젯밤 몸 상태를 분석해 조언하고, 음악·영상·SNS 앱은 나의 취향과 이용 패턴을 바탕으로 '나를 위한 콘텐츠'를 추천합니다. 스스로 정보를 찾아 비교하며 선택하지 않아도, 화면에 보이는 대로 이용하기만 하면 됩니다.

한 친구는 "앱 덕분에 스트레스와 생활 습관을 객관적으로 파악하고 관리할 수 있어서 좋다"고 말합니다. 반면 다른 친구는

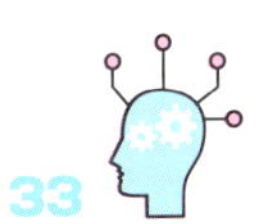

"AI가 내가 어디에 있고, 무엇을 하려는지까지 알고 있는 것 같아 소름 끼친다"고 말합니다. 과연 무엇을 고를지 고민할 필요 없고, 내가 '결정 장애'에 빠지지 않도록 돕는 AI의 자동 추천은 우리의 삶을 편리하게 만드는 기술일까요? 아니면 '맞춤형 추천'이라는 이름으로 영화 〈트루먼 쇼〉(1998)에서처럼 보이지 않는 틀 안에서 행동을 유도하는 시스템의 출발점일까요?

사람을 열여섯 가지 성격 유형으로 분류하는 MBTI 검사가 있습니다. 성격은 고정된 것이 아니라 스펙트럼이고, 상황에 따라 달라지기 때문에 과학적 근거가 약하다는 비판도 있지만, MBTI의 인기는 여전히 높습니다. 자신과 타인을 조금이라도 더 객관적으로 알고 싶은 욕망 때문이겠지요. 사실 우리는 스스로를 잘 알지 못합니다. 왜 어떤 날은 집중이 잘되다가도 시험을 앞두면 오히려 더 딴짓을 하고 싶은지, 다이어트를 결심해 놓고도 야식을 시키는지 설명하기 어렵죠.

이 지점에 AI가 개입합니다. 스마트폰 데이터를 통해 검색 기록, 웹사이트 방문 이력, 쇼핑 목록, 커뮤니티와 소셜미디어 활동 내역을 분석해 우리의 취향과 행동 패턴을 파악합니다. 웨어러블 기기를 통해 걸음 수, 심박수, 수면 상태, 이동 기록, 현재 위치 등 민감한 데이터까지 모아 분석합니다. "당신은 밤 10~12시에 집중력이 높습니다", "현재 신체 활력 지수가 낮으니 휴식이 필요합

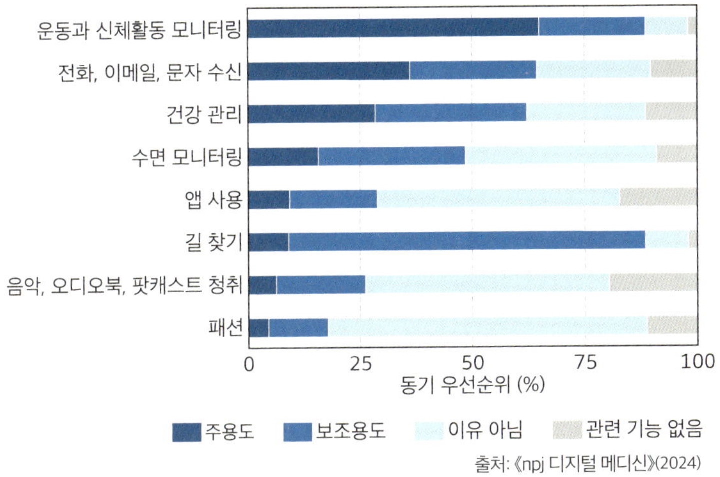

출처: 《npj 디지털 메디신》(2024)

사람들은 왜 웨어러블 기기를 사용할까?

미국에서 듀크대학 의료시스템 산하 병원 환자들을 대상으로 설문 조사를 한 결과, 대부분의 사람이 스마트워치와 같은 웨어러블 기기를 사용하는 것으로 드러났는데, 주된 용도는 신체 활동과 건강 점검용이었다. 웨어러블 기기를 착용하면 병원이나 의료 장비에서 확인할 수 있던 각종 데이터를 수집하고 분석해 알려 주므로, 개인이 과학적이고 체계적인 건강 관리를 할 수 있게 해 준다.

니다", "어젯밤 수면의 질이 낮으니 장거리 운전처럼 오랜 시간 집중력이 필요한 일은 피하세요"와 같은 조언을 건네며 마치 나보다 나를 잘 아는 것처럼 행동하지요. 스스로를 객관적으로 파악하는 능력, 즉 '메타인지'는 인생에서 성공과 행복을 얻는 데 핵심적인 능력입니다. 이렇게 자신을 파악하거나 중요한 것을 결정해야 할 때 AI의 도움을 받는 일에는 분명 장점이 많습니다.

AI를 이용한 '더 똑똑한 선택'

첫째, 거울처럼 객관적으로 자신을 바라보는 데 도움을 줍니다. 거울이 없던 시절에는 가까운 사람이 얼굴에 뭐가 묻었다고 말해 주지 않으면 알기 어려웠을 겁니다. 이제는 필수품이 된 거울을 보면서 우리는 자신을 더 깔끔히 가꿀 수 있고, 맵시 있는 옷차림을 할 수 있습니다. AI는 디지털 시대의 거울 역할을 할 수 있습니다. 어젯밤 충분히 잔 것 같아도 실제로는 깊은 잠이 부족해 피로가 남아 있을 수 있고, "오늘은 폰 별로 안 봤어"라고 생각해도 실제 사용 시간이 하루 다섯 시간에 달하는 경우도 있습니다. 데이터는 우리가 막연하게 알고 있는 것과 다른 진실을 보여 줍니다.

둘째, 건강, 식단, 학습 등 과학적 자기 관리에 도움이 됩니다. 사용자의 생체리듬과 생활 패턴에 맞춘 수면·운동·식사 조언, 가족력이나 알레르기를 고려한 경고 시스템 등은 과학적 근거를 갖춘 정보입니다. AI·웨어러블 기기를 활용한 그룹이 질환 위험을 더 효과적으로 관리했다는 연구 결과도 많습니다. 운동이나 학습을 할 때도 무엇을 모르고 어디가 부족한지 정확히 알려 줘 효율성을 높일 수 있습니다. 감에 의존해 주먹구구로 연습하거나 벼락치기로 하는 경우와, 개인별 특성을 고려한 과학적이고 체계적인 처방을 따르는 경우의 결과는 크게 다릅니다.

셋째, 현명한 의사 결정에 도움을 줍니다. AI는 개인별 관심사·강점·행동 패턴을 분석해 진로 추천이나 학습 전략을 제안하고, 내가 좋아할 만한 콘텐츠를 알아서 추천합니다. 그 결과 '뭘 들을까, 뭘 볼까, 뭘 고를까' 선택하고 고민하는 데 쓰는 시간이 줄어듭니다. 현대사회에서 선택은 점점 더 어려운 일이 되고 있어요. 상품의 종류, 직업의 수, 여가 활동, 음식 메뉴, 커뮤니티, 콘텐츠 등 선택지는 과거와 비교할 수 없을 만큼 늘어났고, 그만큼 생활은 복잡해졌습니다. 연구에 따르면, 사람은 하루 평균 약 70번의 의도적인 선택을 한다고 합니다. 무엇을 먹을지, 입을지, 탈지, 볼지를 끊임없이 고민하고 결정해야 하는 셈이죠. 이런 일상적인 선택을 AI에 맡긴다면, 우리는 더 중요한 선택과 판단에 에너지를 집중할 수 있습니다.

> **웨어러블 기기(wearable device)**
>
> 몸에 착용하는 형태로 설계된 정보기술 기기를 말한다. 시계, 안경, 의류 등 일상 물품에 센서와 통신 기능을 결합해 사용자의 건강 상태나 활동 데이터를 실시간으로 측정하고 스마트폰·클라우드와 연동한다. 대표적인 예로 애플워치, 갤럭시워치 같은 스마트워치가 있으며, 심박수·운동량·수면 등을 관리한다. 웨어러블 기술은 개인 건강 관리뿐 아니라 의료, 스포츠, 산업 안전 등 다양한 분야로 활용 범위가 확대되고 있다.

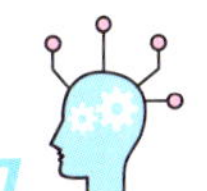

더 나아가 AI는 조기 경보 시스템처럼 우울·번아웃 등의 위험 신호를 미리 감지하여 알려 줄 수도 있습니다. 실제 자살 예방 핫라인에서는 AI가 분석한 패턴을 활용해 고위험군을 조기에 찾아내고 개입하는 시스템을 운영하고 있습니다.

그러나 그만큼 우리가 함께 고민해 봐야 할 질문도 생깁니다.

내 취향은 정말 나의 것일까

AI가 나의 취향과 선호에 맞춰 최적의 선택을 추천하고, 번거로운 일을 알아서 처리하는 자동화는 분명 편리합니다. 그러나 이런 편리함 뒤에는 불편한 진실도 존재하기 마련입니다. 편리함이 커질수록 우리는 스스로 생각하고 선택할 기회를 점점 덜 갖게 됩니다. 이 지점에서 중요한 질문이 등장합니다. 내 선택은 과연 어디까지 나의 것일까요?

여기서 우리는 '자기결정권' 문제를 생각해 봐야 합니다. 자기결정권이란 자신의 삶과 행동을 스스로 선택하고 결정할 권리를 말합니다. 우리가 주체적이고 독립적인 인간으로 살기 위한 필수적 권리이자, 인간 존엄성의 핵심 요소입니다.

그런데 AI 알고리즘은 '빅 브라더'와 같은 원격 감시자의 출현만이 아니라, 우리가 영화 〈트루먼 쇼〉와 같은 세상을 살게 될 위험을 불러옵니다. 〈트루먼 쇼〉는 주인공 '트루먼'이 30년 동안 살아온 세상이 실제로는 전 세계에 24시간 생중계되는 리얼리티 쇼의 거대한 세트장이었다는 사실을 알게 되면서 일어나는 일을 다뤘습니다. 사랑하는 아내를 비롯해 가족과 이웃, 친구, 직장 동료 모두 감독의 연출에 따라 움직이는 배우였습니다. 트루먼이 스스로 선택해 살고 있는 줄 알았던 그의 삶은 모두 감독의 연출대로 조작된 결과였습니다.

AI의 판단에 지나치게 의존하다 보면 우리는 AI가 추천한 세상을 살게 됩니다. 내가 선호하는 것들이 사실은 선별된 정보와 알고리즘에 의해 만들어진 결과라니, 앞에서 설명한 〈트루먼 쇼〉의 내용과도 비슷한 측면이 있습니다.

빅 브라더(Big Brother)

영국 작가 조지 오웰의 소설 『1984』에 등장하는 절대 권력의 상징이다. 빅 브라더는 원격 감시 장치와 정치·사회적 체제를 동원해 모든 시민의 행동과 생각을 끊임없이 감시하는 절대 권력자다. 소설 속 가상 국가인 오세아니아에서는 집 안과 거리 곳곳에 "빅 브라더가 당신을 지켜보고 있다(Big Brother is watching you)"라는 표어가 붙어 있어, 개인의 자유를 억압한다. 오늘날 '빅 브라더'라는 표현은 국가나 거대 조직이 기술을 이용해 시민을 과도하게 감시하는 사회를 비판할 때 널리 사용된다.

비 오는 날 AI 앱이 "오늘 날씨에는 짬뽕이 어울립니다"라고 추천해서 짬뽕이 먹고 싶어진다면 이건 나의 선택일까요, 아니면 AI가 만들어 낸 선택일까요? 포털사이트 '나만의 뉴스' 채널에는 알고리즘이 선택한 뉴스가 나타나는데, 이에 의존한다면 '나만의 뉴스'가 보여 주지 않은 세상의 모습은 알기 어렵게 됩니다. 이처럼 AI 알고리즘은 우리가 만나는 세상의 모습을 좌우할 수 있는 힘을 가졌습니다.

이는 우리가 '나의 취향'이라고 믿는 것이 사실은 AI 알고리즘이 반복적으로 제시한 선택의 결과일 수 있다는 점을 경고합니다. 알고리즘이 안내하는 이 '강요된 취향'은 눈에 띄지 않게 작동하기 때문에 더욱 위험합니다. 물론 나 역시 비오는 날 짬뽕을 싫어하지 않고, AI가 추천한 선택을 마음에 들어 할 수도 있습니다. 개별 선택의 결과만 놓고 보면 문제는 없어 보이지요.

그러나 이런 경험이 반복되면서 알고리즘의 추천을 의심 없이 받아들이는 습관이 만들어질 때 상황은 달라집니다. 우리는 점점 스스로 판단하는 과정을 생략하고, 자신의 취향과 결정을 알고리즘에 전적으로 의존하게 됩니다. 이는 자기결정권을 가진 주체로서 스스로 선택하고 책임지는 능력이 약화되는 방향으로 이어질 수 있습니다.

AI에게 판단을 맡기는 게 왜 문제가 될까

　AI의 추천에 선택과 결정을 대부분 맡기다 보면 우리는 고민하지 않아도 AI가 알아서 최적의 답을 제시해 줄 것을 기대하게 됩니다.

　문제는 이 과정에서 사용자 사이의 격차가 점점 벌어진다는 점입니다. AI 알고리즘의 작동 방식과 한계를 이해하고 적절한 사용법을 고민하는 사람과 그렇지 않은 사람 사이에 차이가 생기기 때문입니다. 전자는 AI를 판단을 돕는 도구로 활용하지만, 후자는 판단 자체를 AI에게 넘겨 버리게 됩니다. 이 차이는 단순한 사용 습관의 문제가 아니라, 정보 해석 능력과 의사 결정 방식의 격차로 이어질 수 있습니다.

　한 대기업 회장이 매우 유능하고 믿음직스러운 비서실장을 둔 경우를 예로 들어 볼까요. 회장보다 회사 사정을 훨씬 잘 아는 비서실장이 거의 모든 일을 알아서 다 처리한다고 해 봅시다. 똑똑한 비서실장은 아주 중요한 일만 회장에게 결재를 부탁하고, 회장은 비서실장의 조언에 따라 서명합니다. 이때 비서실장은 대부분 자신에게 유리한 방향으로 회장에게 보고하고 설명할 수 있습니다. 이런 일이 반복되면 결국 어떻게 될까요? 어느 날 그 기업이 부도 위기에 처했다는 뉴스가 나올지 모릅니다. 회장이 자신보다 훨씬 똑똑한 비서가 무엇을 하는지 모르면 일어날 수 있는 일입니다.

우리가 AI를 사용하는 상황은 세상에서 누구보다 똑똑한 비서를 둔 것과 마찬가지입니다. 똑똑한 비서에게 도움을 받지 않을 이유는 없습니다. 잘 활용한다면 일상생활이 아주 편리할 것입니다. 그러나 모든 일을 비서에게 맡기고 신경 쓰지 않는 태도는 매우 위험합니다. 똑똑한 비서를 쓰기 위해서는 사용자가 항상 정신을 바짝 차리고, 비서에게 맡길 수 있는 일과 자신이 직접 처리해야 하는 일을 구분할 줄 알아야 합니다. 또한 결과에 대해서는 비서가 아니라, 결정한 '나' 자신이 책임을 져야 한다는 것을 명심해야 합니다.

AI의 추천은 정말 나를 위한 것일까

똑똑한 AI 알고리즘에 선택을 맡기는 게 위험한 까닭은 크게 두 가지 구조적인 이유를 들 수 있습니다.

첫째, AI의 추천은 언제나 '진짜 나'를 위한 추천이라고 보기 어렵습니다. AI는 나의 상황과 맥락을 깊이 이해하기보다, 나와 비슷한 사람들이 비슷한 조건에서 선택할 확률이 가장 높은 결과를 제시합니다. 과거의 데이터를 학습해 통계적으로 가장 확률이 높은 것을 추천하는 방식은 많은 경우 유용하지만, 상황이 달라졌거나 데이터에 포함되지 않은 경우 오히려 잘못된 결과로 이어질 수 있습니다.

중요한 점은 이러한 추천 알고리즘이 사용자를 위한 게 아니라, 플랫폼과 기업의 수익을 극대화하기 위해서 만들어진 경우가 대부분이라는 사실입니다. AI가 부모님이나 선생님처럼 나의 20년 뒤, 50년 뒤의 삶까지 고려해 추천하지는 않습니다. 유튜브나 인스타그램, 쇼핑 사이트의 추천을 보면, 마치 나의 취향을 존중해 주는 것 같지만 실제로는 콘텐츠 이용 시간을 늘리고 소비를 유도하기 위해 설계된 경우가 많습니다. 소셜미디어 알고리즘이 청소년들의 정신 건강을 위협하고 디지털 중독을 강화한다는 지적이 나오는 이유도 여기에 있습니다. 많은 사람이 디지털 콘텐츠에 빠져드는 이유는 바로 AI 알고리즘이 이용자의 장기적인 삶보다 서비스 기업의 이익을 우선하도록 설계되어 있기 때문입니다.

스마트폰 앱과 온라인 플랫폼은 내가 언제 어디서 무엇을 보고 '좋아요'를 눌렀는지, 몇 초 동안 머물렀는지를 알고 있습니다. 동영상을 볼 때는 어떤 장면에서 재생을 멈추고 화면을 확대했는지, 어느 장면이 이어질 때 시청을 중단하고 나갔는지 또는 다시 보기를 했는지까지 파악해 분석합니다. AI는 이 데이터를 바탕으

로 취향이나 감정, 정치적 성향과 소비 패턴을 추론하고, 나보다 훨씬 정확하게 내 행동을 예측할 수 있습니다. 그러면 어떤 일이 가능해질까요?

우선 거부하기 어려운 맞춤형 콘텐츠와 타깃 광고가 나를 찾아옵니다. 내가 가장 좋아하는 뮤지션과 배우의 최신 콘텐츠가 화면으로 배달됩니다. 시험을 앞두고 불안할 때는 '족집게 일타 강사' 광고가 소셜미디어에 등장하고, 외로울 때면 '자유로운 대화와 만남' 앱이 추천되는 식입니다. 기업의 마케팅은 내가 심리적으로 취약한 순간을 노립니다. 만약 보험 회사나 학교, 기업이 건강 습관이나 감정 기록, 집중도 패턴 같은 민감하고 방대한 데이터를 활용한다면 어떻게 될까요? 보험료뿐만 아니라 입학·채용 등 인생에서 중요한 결정에 영향을 미칠 수 있습니다. 데이터가 영원히 남는다는 것도 문제입니다. 10대 시절 소셜미디어에 남긴 유치한 댓글이나 민감한 진료 기록이 지워지지 않고 평생 어딘가에 저장되어 나중에 진학·취업·대인 관계에서 불리하게 작용한다면 어떨까요?

중국 정부와 금융기관은 사회신용점수 시스템을 운영하고 있는데, 일부 지자체는 개인의 신용과 법규 준수 정도를 점수·등급 형태로 관리하고 있습니다. 이 사회신용점수가 낮으면 대출 제한은 물론, 항공권이나 고속열차 구매가 차단되고 자녀의 사립학교

입학까지 막히는 등 제재가 가해져 인권침해 논란이 있었습니다.

둘째, AI의 추천에 지나치게 의존하면 우리는 스스로 도전하며 인생을 개척하는 능력을 키우지 못할 수 있습니다. 인생은 크고 작은 선택의 연속입니다. 우리는 어려운 선택과 고민의 과정을 거치며 성장하고 자신의 세계를 만들어 갑니다. 그러나 이러한 선택의 과정을 모두 AI 알고리즘에 맡겨 버린다면, 스스로를 형성해 나갈 기회를 놓치게 될 수 있습니다.

AI는 가장 편리하고 성공 확률이 높은 선택만을 추천하는 데 능숙합니다. 하지만 그런 추천이 반복될수록, 꿈꾸고 도전해서 미지의 영역을 개척하는 시도는 줄어듭니다. 개인의 삶은 물론 사회와 인류의 역사에서도 처음에는 무모해 보이고 성공 가능성이 낮아 보였지만, 끈질기게 도전하고 노력한 결과 불가능해 보이는 성취를 이룬 사례는 수없이 많습니다.

크고 작은 선택을 모두 AI에 맡기다 보면, 중요한 순간에 스스로 판단하고 책임지는 힘, 이른바 인생의 '결정 근육'이 약해질 위험이 큽니다. 우리 몸의 근육을 훈련할수록 튼튼해지듯, 판단과 선택의 능력도 반복적인 경험을 통해 길러집니다. 항상 에스컬레이터와 엘리베이터만을 이용하는 사람과, 3~4층 정도는 계단을 오르는 사람의 다리 근육이 달라지는 것처럼 말입니다.

AI 시대에도 우리는 인생에서 스스로 판단하고 책임지는 '결

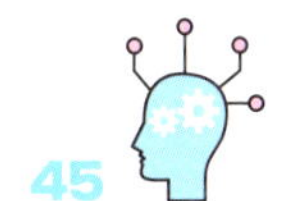

정 근육'을 키워야 합니다. AI 추천은 편리하고 실패할 확률을 줄여 주지만, 우리가 성장할 기회까지 대신해 주지는 않습니다.

그럼 어떻게 사용해야 할까

문제는 사용 여부가 아니라, 어떻게 사용하는가입니다. AI는 편리함과 위험함을 함께 지닌 두 얼굴의 도구입니다. 위험을 의식하고 경계하면서 사용할 때, 안전하고 유용한 기술이 됩니다.

우리는 이미 일상에서 불, 가스, 전기, 자동차처럼 편리하지만 위험한 기술을 사용해 왔습니다. 이 기술들의 공통점은 위험이 비교적 분명하게 드러난다는 점입니다. 불길은 눈으로 보이고, 자동차 사고의 위험은 누구나 쉽게 인식할 수 있지요. 그래서 운전면허 제도, 안전벨트나 에어백처럼 사회적·기술적 안전장치가 마련되어 왔습니다. 위험을 인식한 뒤, 관리하여 사용하는 방식이 자리 잡은 것입니다.

AI 알고리즘은 다릅니다. 어떻게 작동하는지, 어떤 영향을 미치는지 위험이 잘 보이지 않고 이에 대한 사회적 안전 대책이나 규범도 아직 충분히 마련되지 않았습니다. 그 결과 우리는 각자 위험을 인식하지 못한 채, 기술 사용의 책임을 개인이 떠안는 방식으로 기술을 받아들이고 있습니다.

　AI는 앞으로 점점 더 널리 사용될 것입니다. AI 기술과 서비스가 발달하고, 선택지가 점점 늘어나는 복잡한 사회에서 우리는 AI의 추천을 외면하거나 피하는 게 사실상 불가능합니다. 나보다 나를 더 잘 아는 것처럼 보이는 AI의 추천은 분명 편리하지만, 동시에 위험을 내포합니다. 이런 상황에서 필요한 것은 AI에 맡겨도 되는 선택과, AI의 도움을 받더라도 결국 내가 결정하고 책임져야 할 사안을 구분하는 능력입니다.

　사소한 결정은 AI에 맡기되 진로·인간관계·가치관처럼 삶의 방향을 좌우하는 문제는 스스로 고민하고 선택하는 것이 바람직하겠지요. 무엇을 내가 직접 선택하고 무엇을 AI에 맡겨서 처리할지를 판단하는 일은 결국 자신을 잘 아는 상태에서 비로소 가능합니다. 아무리 AI를 똑똑한 비서로 활용하더라도, 우리가 직접 처리해야 할 중요한 일들은 절대 줄어들지 않습니다. 오히려 AI를 현명하게 사용하기 위해서라도 우리는 자신이 어떠한 사람인지를, 무엇을 중요하게 여기는지를 더 깊이 성찰해야 합니다.

티키티카
미니 토론

쟁점

AI 알고리즘은 '나만의 콘텐츠'를 추천해 '최적의 선택과 결정'을 대신해 줄 수 있습니다. 이러한 삶은 편리하고 좋은 것일까요, 아니면 너무 편리해서 스스로 선택하는 능력을 잃어버리게 만들까요?

A:

AI 알고리즘은 나의 취향과 행동을 나보다 더 정확히 분석해. 콘텐츠 선택, 소비, 진로, 일정 관리까지 방대한 데이터를 기반으로 하는 AI의 추천을 따르면 시간을 아끼고 실패 확률을 줄일 수 있어. 이미 우리는 길 찾기, 영화 추천, 상품 선택에서 AI의 판단을 자연스럽게 받아들이고 있는 걸? 효율적인 선택을 반복하는 것이 반드시 자유를 포기하는 일이라고 볼 수는 없지.

B:

그 알고리즘은 이용자를 위한 게 아니라 서비스 기업의 이익을 생각하고 만들어진 거야. 편리함에 익숙해질수록 우리는 점점 선택하지 않는 존재가 될 수 있어. AI의 추천은 '최적'일 수는 있어도 그 결과를 살아가는 건 결국 나 자신이야. 특히 인생의 중요한 결정까지 AI에 맡기게 되면 실수와 후회를 통해 배우는 기회도 사라질 수 있어. 불완전하더라도 스스로 고민하고 직접 선택하는 과정은 삶의 의미를 만드는 핵심이야.

Chapter 3

AI가 만든 작품도 예술일까?

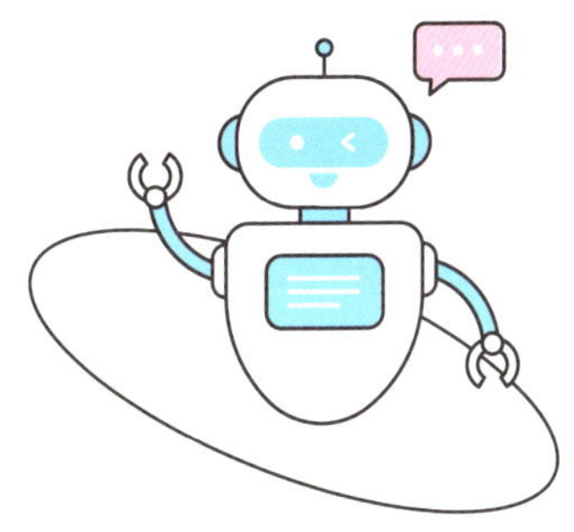

#예술이란 #생성형AI #창의성 #모방

누가, 무엇을, 어떻게 만들었을 때 예술일까

생성형 AI는 놀라운 창작 능력을 보여 줍니다. 텍스트로 명령어를 입력하거나 말하면, 미드저니와 구글 나노바나나 같은 이미지 생성 도구는 순식간에 완성도 높은 이미지를 만들어 냅니다. 수노(Suno)와 아이바(Aiva) 같은 음악 창작 도구에 원하는 분위기나 장르를 설명하면, 가사를 쓰고 작곡을 한 뒤 악기별 멜로디와 리듬을 구성하고 보컬까지 들어간 오디오 작품을 금세 내놓습

니다. 동영상을 만들 때도 신세시아(Synthesia), 런웨이(Runway), 캔바(Canva) 등의 도구를 활용하면, 기존에 많은 시간과 비용이 필요했던 복잡한 제작 과정 없이 텍스트 명령어만으로 바로 고품질 결과물을 만들어 낼 수 있습니다. AI 덕분에 우리는 원하는 것을 상세하게 설명하기만 하면, 완성도 높은 작품을 곧바로 제작할 수 있게 되었습니다.

이처럼 생성형 AI가 일상적인 창작 도구로 자리 잡으면서, 많은 사람들이 이를 활용해 다양한 결과물을 빠르게 만들어 내고 있습니다. 이러한 변화는 새로운 질문을 던집니다. AI로 만들어 낸 결과물도 예술로 볼 수 있을까요? 아니면 사람이 자신의 머리와 손을 써서 직접 창작한 것만이 예술일까요?

누구나 창작자가 될 수 있는 시대

생성형 AI 서비스의 확산은 창작의 문턱을 크게 낮추었습니다. 누구나 창작자가 될 수 있는 '창의성의 민주화 시대'가 열린 셈이죠. 악기 연주는커녕 악보를 읽을 줄 몰라도, 한 소절의 멜로디 허밍만 AI에게 들려주면 해당 선율을 다양하게 변주한 노래가 만들어집니다. 그림 실력이 없는 사람도 시나리오 도구와 이미지 생성 도구를 활용하면, 아이디어 제시만으로 웹툰·웹소설 작가가 될 수 있어요. 코딩 지식이 없어도 게임 엔진과 AI 이미지·대사 생성기를 활용해 1인 인디 게임 제작가가 된 사례도 등장하고 있습니다. 실제로 2022년 미국 콜로라도 주립박람회 디지털아트 부문 1위작 〈우주오페라극장〉은 미술 교육을 받지 않은 게임 디자이너 제이슨 앨런이 미드저니를 활용해 완성한 것이었습니다. 2024년 일본의 권위 있는 문학상 아쿠타가와상은 챗GPT를 활용해 소설을 쓴 구단 리에에게 주어졌습니다.

그런가 하면 생성형 AI로 인해 창작 세계는 큰 혼란에 빠졌습니다.

미국의 SF 잡지인 《클락스월드(Clarkesworld)》는 SF 작가 지망생들에게 성공의 관문인데, 2023년 2월 작품 접수 시스템을 한동안 폐쇄했습니다. 챗GPT 등 AI를 활용한 것으로 보이는 작품들이 감당할 수 없을 정도로 많이 쏟아졌기 때문입니다.《클락스월드》편집장인 닐 클라크는 "챗GPT가 출시된 후 AI가 만든 표절작이 너무 많이 투고되어 일을 할 수 없는 지경"이라고 말했습니다.

우리나라에서도 2023년, 네이버 웹툰 공모전에서 AI로 만든 웹툰이 늘어나는 바람에 네이버는 본선 접수부터는 "생성형 AI 기술을 사용할 수 없다"고 공지했습니다. 2024년 5월 전남 여수

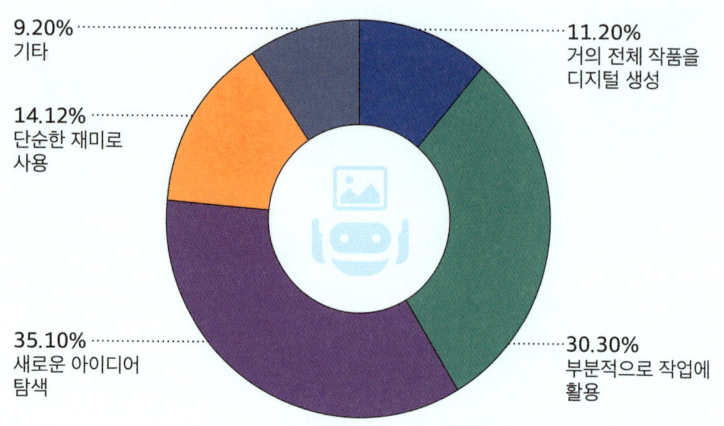

예술가들은 AI를 어떻게 활용하고 있을까요?

다양한 분야의 예술가 500명 이상을 대상으로 실시한 설문에 따르면, 예술가들의 35.1%는 미드저니, 달리, 소라처럼 텍스트로 이미지를 만들어 내는 AI 도구를 '새로운 창작 아이디어를 찾는 데' 주로 사용했습니다. 현재 진행 중인 작업에서 '부분적으로 활용하는' 경우가 30.3%, '작업 대부분을 AI에 맡기기 위해서'는 11.2%로 조사됐습니다. 14.2%는 '오락'용으로, 9.2%는 '그밖에'라고 답했습니다.

출처: Platform.io(2024)

에서 열린 교육박람회는 주제곡 공모전을 진행했는데, 응모한 열두 개 작품 가운데 당선작으로 선정된 최우수작이 알고 보니 AI 작품이었습니다. 작곡도 노래도 모두 AI가 만든 것이었습니다. 심사위원으로 참여한 유명 작곡가 김형석 씨는 "제법 뛰어난 작품이었다. AI가 만든 곡인지는 전혀 몰랐다"며 당혹스러움을 표했습니다.

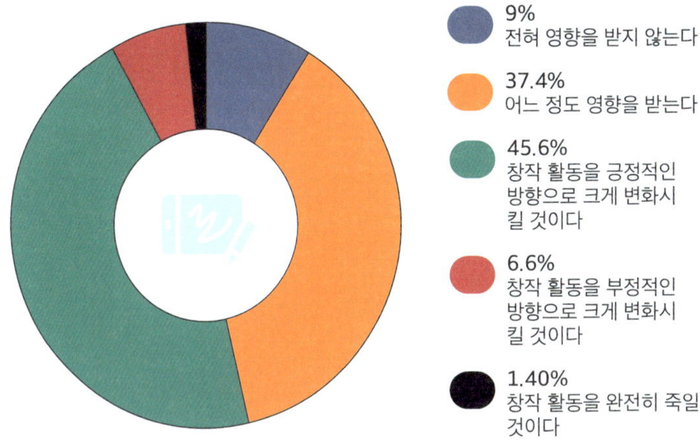

예술가들은 텍스트-이미지 변환 소프트웨어가 향후 자신의 창작 활동에 미칠 영향에 대해 어떻게 느낄까요?

AI 창작 도구의 출현으로 인해 창작과 예술이 위기에 빠질 것이라는 우려가 높지만, 정작 예술가들은 AI로 인해 자신의 창작 활동이 위협받을 것이라고 생각하지 않는다고 답했습니다.

조사에서, 예술가들은 AI가 자신의 창작 활동에 영향을 줄 것이라고 답변한 사람이 91%로 대부분을 차지합니다. 그런데 중요한 것은 AI가 자신의 예술에 긍정적 영향을 끼칠 것이라고 본 사람들(45.6%)이 부정적 영향을 끼칠 것이라고 본 사람들(6.6%)보다 7배가량 많았습니다. 이는 예술가들은 신기술이 등장하면 그걸 적극 수용해 자신의 작업에 반영하는 경향이 있다는 것을 알려 줍니다.

출처: Platform.io(2024)

이런 상황이 펼쳐지자 국내 최대 음악저작권단체인 한국음악저작권협회(KOMCA)는 2025년 3월 "AI가 창작에 관여한 곡은 저작권 등록을 받을 수 없다"고 밝혔습니다. 새로 등록되는 곡은 창작자가 AI를 전혀 사용하지 않았음을 선언해야 하고, "AI가 1퍼

센트라도 창작에 기여한 곡은 등록 불가"라고 알렸습니다.

이처럼 뛰어난 창작의 도우미인 생성형 AI는 '과연 예술이란 무엇인가'라는 질문을 던집니다. 지금까지 예술은 인간의 다양한 측면 중에서도 가장 뛰어나고 아름다우며 감동을 주는 활동으로 여겨졌습니다. 예술 창작과 감상은 동물이나 기계는 감히 흉내 낼 수 없는 인간만의 고등한 특징이었습니다. 셰익스피어의 문학 작품, 미켈란젤로의 피에타 조각, 베토벤과 모차르트의 교향곡을 비롯해 최근의 케이팝에 이르기까지 뛰어난 예술 작품들은 시간 과 공간을 뛰어넘는 사랑과 찬사를 받습니다. 우리는 일상생활에 서 매우 훌륭한 작업을 만났을 때도 "그거 예술이네!"라고 감탄 을 하곤 하지요.

그렇다면 우리는 무엇을 예술이라고 여기는 것일까요? 아름 다움과 감동을 전하는 뛰어난 작품들일까요? 아니면 그러한 작 품을 만들어 내는 창작자의 정신과 활동일까요?

시대에 따라 변화한 예술의 개념, AI도 품을 수 있을까

AI가 만든 작품이 예술인지 따져 보려면, 먼저 '예술'이 무엇인지 알아봐야겠지요. 예술의 역사를 살펴보면 우리가 예술이라고 불러 온 활동과 결과물은 시대에 따라 계속 변해 왔다는 것을 알 수 있습니다.

고대 그리스 철학자 플라톤은 예술의 본질을 '모방'으로 정의했습니다. 레오나르도 다 빈치 역시 가능한 한 충실하게 자연을 재현하는 것이 예술의 중요한 덕목이라고 말했습니다. 실제로 솔거와 담징의 벽화처럼 너무 사실적이어서 그림인지 사실인지 구별할 수 없고, 미켈란젤로나 로댕의 조각처럼 대상이 마치 살아 있는 생명체처럼 사실적으로 표현된 작품들은 오랫동안 뛰어난 예술의 기준으로 여겨졌습니다.

그러나 19세기 중반 사진 기술의 발명은 미술사에 혁명과 같은 사건이었습니다. 현실을 완벽하게 재현하는 카메라의 등장은 대상을 충실하고 아름답게 재현해 내는 것을 목표로 삼았던 화가들에게는 엄청난 충격이었습니다. 많은 이들이 이후 화가의 지위와 창작 활동이 심각하게 위협받으리라 예상했지만, 실제로는 다른 방향으로 전개되었습니다. 화가들은 현실을 모방하고 재현하는 의무에서 벗어나, 회화만이 할 수 있는 새로운 길을 찾아 나섰습니다. 그 결과 인상주의, 입체주의, 추상표현주의 등 다양한 현대 미술 사조가 등장했고, 예술은 '모방' 중심의 관점에서 벗어나 '창작자의 생각과 의도를 담아내는 표현 행위'라는 새로운 이해

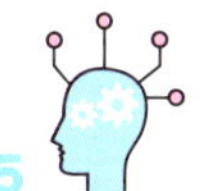

로 확장했습니다.

생성형 AI의 등장은 예술의 세계에서 강력하고 편리한 창작 도구가 새로이 출현했다는 것 이상을 의미합니다. 사진 기술이 처음에는 시각 예술을 위협할 것으로 보였지만 결국 영상과 영화라는 현대의 거대한 문화·예술 산업을 만들어 냈듯, AI 역시 예술 개념의 변화를 촉발하는 계기가 될 수 있습니다.

실제와 똑같아 오해를 부른 예술 작품

신라 시대 화가 솔거가 황룡사 벽에 그렸다는 늙은 소나무 그림이 너무나 사실적이어서 새들이 진짜 소나무인 줄 알고 앉으려다 부딪혀 떨어졌다는 전설이 전해진다. 담징 또한 고구려 시대의 화가로, 두 사람 모두 뛰어난 사실주의적 화풍으로 유명하다.

오귀스트 로댕의 청동 조각 작품 〈지옥의 문(The Gates of Hell)〉은 인체 묘사가 너무나 사실적이고 생생하여, 로댕이 '실제 사람 몸에 석고를 발라 만든 것이 아니냐'는 의혹과 논란을 받기도 했다. 로댕의 유명한 〈생각하는 사람〉 조각이 〈지옥의 문〉 작품의 일부분이다.

로댕의 〈지옥의 문〉

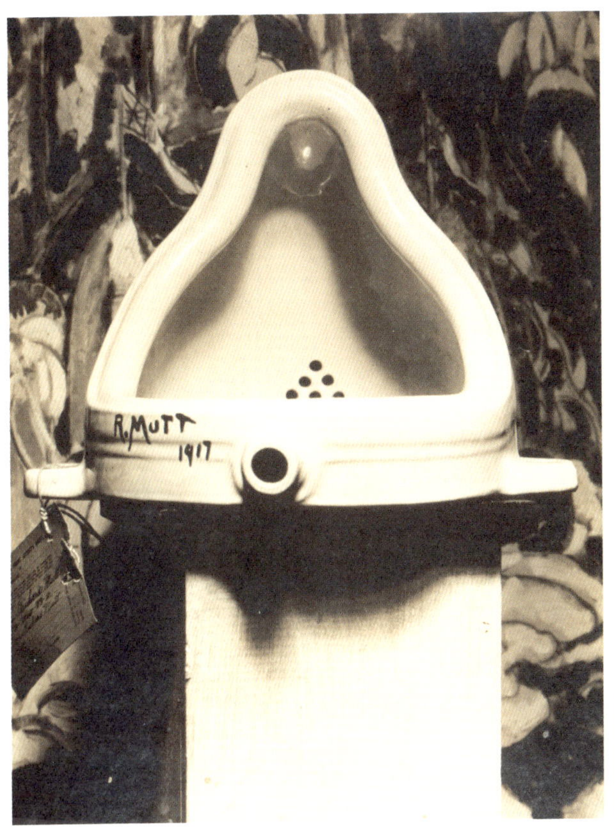

뒤샹의 〈샘〉

예술의 개념이 시대에 따라 달라진다는 것을 알려 주는 대표
적인 작가는 마르셀 뒤샹과 앤디 워홀입니다. 현대미술의 선구
자로 불리는 마르셀 뒤샹은 공장에서 만든 남성용 소변기에 '샘
(fountain)'이라는 이름을 붙이고 사인을 한 뒤 미술전에 출품해

일대 파란을 일으켰습니다. 뒤샹은 기성품을 전시장에 옮겨 놓으며 "작가의 선택과 맥락만으로도 예술이 될 수 있다"는 파격적인 주장을 통해 예술의 기준을 근본적으로 흔들었습니다. 미국의 팝아트를 대표하는 앤디 워홀 역시 캠벨 수프 캔, 코카콜라 병, 브릴로 세제 상자 같은 일상적 소비재를 작품 소재로 삼았습니다. 슈퍼마켓에서 흔히 볼 수 있는 상품을 전시장에 옮겨 놓음으로써, 그는 고급 예술과 대중문화 사이의 경계를 허물고 미국의 소비사회와 대량생산 문화 자체가 예술의 주제로 등장할 수 있음을 보여 주었습니다. 이러한 흐름 속에서 현대 예술은 아름다움이나 기술적 완성도보다 새로운 생각과 해석, 행위를 중시하는 방향으로 확장되어 왔습니다. 예술의 기준은 고정된 것이 아니라, 시대와 기술, 사회적 맥락 속에서 끊임없이 재정의되어 온 셈입니다.

예술 행위의 핵심을 AI도 따라갈 수 있을까

이렇듯 예술품과 창작 행위의 의미는 시대에 따라 계속 변화해 왔습니다. AI를 활용한 작품도 예술로 볼 수 있는가에 대한 논쟁도 이와 닿아 있습니다.

오늘날 AI는 일상 대부분의 영역에 깊숙이 들어와 있습니다.

이런 과정에서 "창작 과정에서 AI를 사용했는가, 사용하지 않았는가"는 더 이상 논쟁거리가 아닙니다. '창작의 처음부터 끝까지, 모든 과정에 AI를 전혀 사용하지 않아야만 예술'이라고 하기가 어렵게 되었죠.

AI의 사용 자체보다 중요한 것은 창작자가 그것을 어떻게 활용했는지입니다. AI를 통해 어떤 새로운 효과를 만들어 냈는지, 그러한 행위를 한 작가의 역할이나 창작 의도는 무엇인지가 중요해집니다. 앞으로 예술가에게는 뛰어난 결과물을 만들어 내는 것보다 이러한 물음에 대해서 얼마나 잘 답변하고 자신의 창작물에 대해서 잘 설명할 수 있는지가 중요하게 요구될 겁니다.

작가의 선택과 의도가 예술적 행위의 핵심이라는 주장은 국내의 한 미술 관련 소송에서도 드러난 바 있습니다. 가수 조영남은 무명 화가를 고용해 7년간 200여 점의 그림을 그리게 한 뒤, 자신의 이름으로 작품을 판매한 사실이 알려져 사기 혐의로 재판을 받았습니다. 그러나 2020년 대법원은 조영남의 무죄를 확정했습니다. 법원은 예술 분야에서는 직접 제작보다 아이디어가 핵심이라는 미술계의 상식과 관행을 인정했습니다.

AI를 활용하는 경우도 이와 유사하게 볼 수 있지 않을까요? "붓을 쥐는 것만이 예술이 아니다. 어떤 이미지를 만들지 구상하고, AI에게 정교한 명령(프롬프트)을 내리고, 수정 과정을 거쳐 원

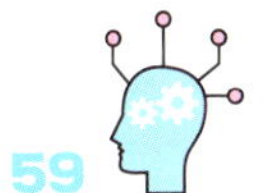

하는 최종 이미지를 얻어 내는 창작자의 '선택과 판단'은 예술적 행위다"라고 주장할 수 있는 거죠.

예술 작품은 창의성의 구현이라고 말합니다. 그렇다면 창의성의 본질은 과연 무엇일까요? 우리는 낯설고 새로운 것을 보면 "창의적이다"라고 말합니다. 그러나 인간의 창작은 아무것도 없는 상태에서 무언가를 만들어 내는 '신의 창조'와는 다릅니다. 인간은 언제나 이미 존재하는 것들을 활용해 새로운 것을 만들어 내는 거죠.

"태양 아래 새로운 것 없다"는 말처럼, 인류의 지적·예술적 결과물은 이전 세대가 쌓아 놓은 유산 위에서 이루어져 왔습니다. 창작은 기존의 지식과 경험, 기술을 활용하지 않고는 불가능합니다. 애플의 창업자 스티브 잡스는 "창의성은 점을 연결하는 능력"이라고 말했습니다. 서로 떨어져 있는 아이디어와 경험을 새로운 방식으로 연결하는 것, 그것이 곧 창의성이라는 뜻입니다.

뛰어난 창의성의 사례로 꼽히는 애플 사의 '아이폰' 사례가 대표적입니다. 2007년 선보인 아이폰은 모바일 혁명을 가져온 혁신적이고 창의적인 제품으로 평가됩니다. 하지만 정작 아이폰에서 처음 등장한 신기술은 없다시피 합니다. 아이폰 등장 이전에 판매되고 있던 다른 기업의 스마트폰이나 PDA(개인 정보 단말기)에서도 음악 재생, 전화 통화, 인터넷 연결 기능을 사용할 수 있었으니까요. 다만 아이폰은 전면 터치식 화면을 채택해, 세 가지 기능을 복잡하지 않게 터치 한 번으로 바로 작동하게 한 데서 소비자들을 매혹시킨 거죠. 즉 기존의 기능들을 전혀 새로운 방식으로 연결해 낸 게 아이폰의 성공 비결이었습니다.

인간의 예술이 고유한 이유

이러한 '새로운 연결'의 중요성은 AI를 활용한 창작에서 더욱 분명해집니다. AI의 창작 방식은 방대한 데이터베이스에서 패턴을 찾아내고 이를 재조합하는 과정입니다. 말 그대로 연결의 기술입니다. 그렇다면 실제로 손 한번 까딱하지 않고 AI 창작 도구에게 자신의 창작 의도를 설명하고 명령어를 반복해 입력하면서 만들어 낸 노래나 그림, 소설도 예술 작품이라고 말할 수 있는 것일까요?

물론 그렇게 하더라도 멋지고 환상적인 결과물은 만들어질 수 있을 겁니다. 그러나 예술은 단순한 결과물 이상의 것을 포함합니다.

예술에서 핵심을 이루는 인간의 창의성은 단순한 데이터의 조합을 넘어서는 행위라는 주장에 귀를 기울일 필요가 있습니다.

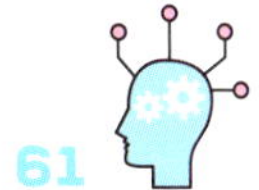

인간은 유한한 목숨을 지닌 생명체이며, 인간의 예술에는 창작자의 삶과 정신이라는 맥락이 담겨 있다는 게 AI와는 전혀 다른 특징입니다.

윤동주 시인의 시가 두고두고 읽히는 이유를 단순히 '아름다운 단어들을 잘 조합하고 배치한 연결 능력' 덕분이라고 말하기는 어렵습니다. 식민지 청년으로 일본 감옥에서 고통받으면서도 마지막 순간까지도 인간의 존엄을 잃지 않고 고뇌하면서 시를 쓰다가 비극적으로 숨진 윤동주의 삶이라는 배경과 작품은 분리될 수 없는 것이죠. 베토벤의 합창 교향곡이 주는 울림 역시 청력을 잃어 소리를 들을 수 없는 절망적 상황 속에서도 아름다운 화음을 만들고 환희를 노래했던 그의 삶과 겹쳐 읽힙니다. 반 고흐의 꿈틀거리는 그림들이 오늘날 높이 평가받는 이유도 불우한 여건 속에서도 예술적 탐구를 멈추지 않았던 그의 삶과 분리하여 이해하기 어렵습니다. 작품은 단순한 형식적 조합이 아니라, 한 인간이 세계와 맞서며 남긴 흔적이기 때문입니다.

AI가 아무리 정교하고 아름다운 작품을 만들어 낼지라도, 이러한 작가들처럼 슬픔과 상실, 기쁨과 열정을 느낄 수는 없습니다. 그렇다면 AI가 만든 작품은 결국 인간 창작을 모방한 보조품에 불과한 것일까요?

사람들은 왜 많은 비용을 들여서 파리 루브르박물관에 〈모나

리자〉를 보러 가고 서울 국립중앙박물관 '사유의 방'에 반가사유상을 보기 위해 긴 줄을 서는 것일까요? 오늘날 우리는 고해상도 이미지로 작품을 편안하게 감상할 수 있고, 원본과 똑같은 복제품을 통해서 상세하게 감상할 수 있는데도 왜 힘들여 진품을 찾아가는 것일까요?

독일의 문예 사상가 발터 베냐민은 예술 작품이 특정한 시간과 장소 속에서 지니는 고유한 권위와 현존성을 '아우라(aura)'라는 개념으로 설명합니다. 아우라는 원본 작품이 놓인 특정한 맥락 속에서만 느낄 수 있는 일회적인 경험을 뜻합니다. 그러나 이는 단순히 원본의 가치를 강조하려는 개념이 아닙니다. 사진과 영화 같은 기술 복제가 등장하면서 원본의 아우라가 약화되고 예술 경험 자체가 근본적으로 변화하는 상황을 분석한 것입니다. 아우라의 상실은 부정적인 면만 있는 것이 아니라, 예술을 더 많은 사람들이 접할 수 있게 하는 민주적 가능성도 함께 열어 준다고 보았습니다. 그럼에도 사람들은 여전히 예술 작품을 감상하면서 특별한 경험을 기대합니다. 기술 복제가 확산된 시대에도 고유한 '아우라'를 찾으려는 욕망은 계속되는 셈입니다.

AI가 만든 창작물은 무한 복제가 가능하므로, 고유한 아우라를 지니기 어렵겠지요. 디지털 콘텐츠에 고유성을 부여하기 위해 대체불가능토큰을 활용하려는 시도도 생겨나고 있고, AI로 만

든 예술 작품이 고가에 거래된 사례들도 있습니다. 그러나 인간이 만든 작품은 AI가 지닐 수 없는 유한성과 희소성을 갖고 있다는 게 차이입니다.

AI 시대에 진정한 예술이란

AI가 불러온 '예술이란 무엇인가'라는 물음을 살펴봤습니다. AI를 활용하면 특별한 기술이나 재능이 없던 사람도 얼마든지 자신만의 창작과 예술 활동을 할 수 있게 되었습니다. 상상력과 창의성의 대중화 시대가 열린 것은 분명합니다.

역사를 돌아보면 기술은 늘 예술의 경계를 흔들어 왔습니다. 카메라의 등장이 회화에 끼친 영향처럼, 시대와 기술 변화에 따라 예술의 흐름은 계속 변해 왔고 앞으로도 달라질 것입니다.

오늘날에도 비슷한 물음이 제기됩니다. AI로 만든 그림을 SNS에 올린다면 창작자가 된 것일까요, 사용자일 뿐일까요? AI로 만든 노래에 감동을 느낀다면 그 감동은 소중한 것일까요, 아니면 속임수에 넘어간 싸구려 정서일까요?

그러나 아무리 AI 기술이 발달하더라도, 유한한 삶을 살아가며 몸과 정신으로 느끼는 인간이 자신만의 경험을 녹여서 만들어 내는 예술 작품의 고유성과 희소성은 결코 사라지지 않을 것입니다.

생성형 AI가 '예술이란 무엇인가'라는 질문을 던지는 오늘날 상황은 예술의 위기처럼 보이지만, 사실 예술은 언제나 비슷한 질문을 받아 왔습니다. 역사에서 반복된 것처럼 기술은 새로운 예술의 세계를 개척하고, 달라진 예술의 의미를 요구할 것입니다.

AI는 우리에게 훌륭한 예술 작품을 안겨 준다기보다, "AI 시대에 진정한 예술은 무엇인가"라는 새로운 질문을 던지는 도구에 가깝습니다. AI라는 마법의 붓이 주어졌지만, 그 붓을 움직여 무엇을 표현할 것인지, 그것을 왜 표현하는지는 여전히 인간에게 달린 문제입니다.

티키타카
미니 토론

창작의 본질은 결과일까, 과정과 숙련일까?
AI를 활용한 예술 창작은 예술을 더 풍부하게 하는 것일까,
아니면 위태롭게 하는 것일까?

A:

> 예술의 핵심은 도구가 아니라 창작자의 의도와 선택이야. 붓 대신 카메라를, 카메라 대신 디지털 편집을 사용해 왔듯 AI 역시 새로운 창작 도구일 뿐이지. 아이디어를 구체화하고 표현의 가능성을 넓혀 준다면 창작 과정에서 AI를 활용하는 것을 본질적인 문제로 볼 이유는 없어. 중요한 것은 '선택과 판단'이지 '어떤 도구를 썼는가'가 아니야.

B:

> 예술은 결과만이 아니라 오랜 시행착오와 경험의 과정에서 만들어져 왔어. 이렇게 만들어진 작품은 AI가 지닐 수 없는 유한함과 희소함을 가지고 있어. AI를 쓰다 보면 창작자가 점점 판단을 외부 기술에 의존하게 될 위험이 있는 것 아닐까? 창작자가 자신의 생각과 능력이 아닌, 도구의 기능을 자신의 아이디어와 작품으로 포장한다면 예술로 보기 어렵다고 생각해.

Chapter 4

AGI는 인류의 진화일까, 재앙일까?

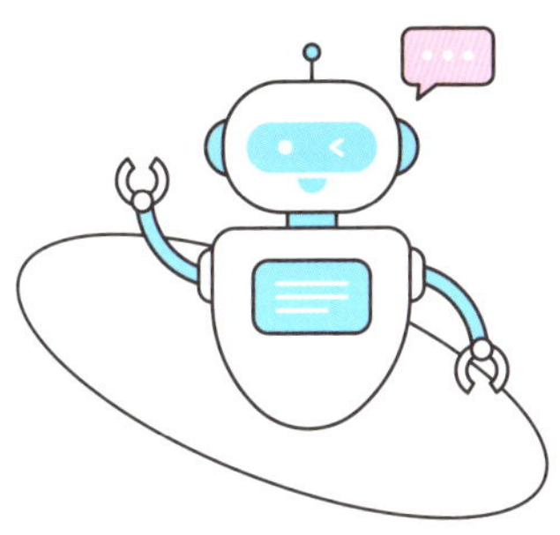

#범용인공지능 #특이점 #AI충격 #범용성

AI보다 더 똑똑한 AI의 등장

AI 기술이 눈부신 속도로 발달하고 있습니다. 2016년 딥마인드의 바둑AI, 알파고(AlphaGo)를 신호로 AI 충격이 찾아왔는데, 2022년엔 오픈에이아이의 챗GPT가 나와 세상을 놀라게 만들었습니다. 2025년엔 구글의 AI 모델이 제미나이 3.0으로 업그레이드됨에 따라, 구글 노트북LM(NotebookLM)과 나노바나나는 그동안 AI의 과제였던 환각 현상과 이미지 생성 오류를 획기적으로 개선했습니다. 사용자들의 찬사가 쏟아지고 관련 기업 주가는 치

솟았습니다. AI 열풍이 불면서 AI를 직접 연구하고 개발하는 사람들만이 아니라 정부와 기업, 교육기관 모두 AI 활용을 최우선 목표로 삼고 경쟁하고 있습니다. 구글, 마이크로소프트, 오픈에이아이, 아마존, 메타, 엑스에이아이(xAI), 딥시크(DeepSeek), 네이버 등 글로벌 IT 기업들이 AI 경쟁에 발 벗고 나섬에 따라, AI 기술과 서비스는 숨 가쁘게 발달하고 있습니다.

기술 개발 경쟁은 멈추는 법이 없습니다. 더욱이 AI처럼 각국 정부와 기업들이 사활을 걸고 뛰어든 첨단 기술 개발의 속도를 멈추거나 늦춘다는 것은 거의 불가능합니다. 시간이 지날수록 더더욱 발달할 것이라는 사실은 불 보듯 뻔하지요. 그런데 지

> **환각(hallucination)**
> 환각, 즉 '할루시네이션'은 생성형 AI의 특징으로, AI가 실제로 존재하지 않거나 사실이 아닌 내용을 그럴듯하게 꾸며 내는 현상을 말한다. 예를 들어, 질문에 대해 근거 없는 정보를 사실처럼 답하거나, 존재하지 않는 인물·논문·사건을 창작하는 경우가 이에 해당한다. 생성형 AI는 거대언어모델(LLM)을 기반으로 사람보다 유창하게 말하는 능력을 갖게 되었고, 어떤 주제건 막힘없이 답변을 내놓는다. 하지만 이는 사실을 알고 있거나 검증하고 답변하는 게 아니라, 단순히 문맥상 다음에 자연스럽게 이어질 확률이 높은 단어를 조합해서 문장을 만드는 것에 불과하다. 그래서 문장과 논리 구조는 매끄럽지만, 내용은 거짓인 환각 현상이 일어난다. 따라서 AI의 답변은 항상 이용자가 직접 사실을 확인한 뒤에 활용해야 한다.

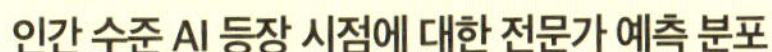

인간 수준 AI 등장 시점에 대한 전문가 예측 분포

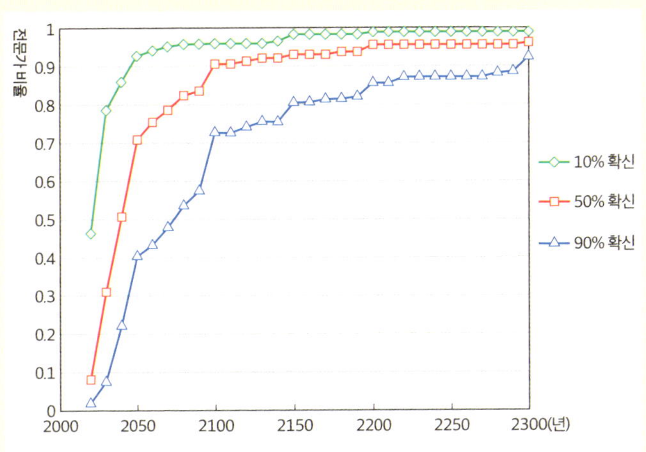

인간을 능가하는 AI가 등장할 시기는?

세계 AI 연구자 550명을 대상으로 한 조사(2012~2013년 실시)에
서 응답자의 절반은 2040년 경이면 인간을 능가하는 AI가 등장할
가능성이 50퍼센트에 달한다고 응답했는데, 전체 평균은 2081년
입니다. 참고로 『특이점이 온다』의 저자인 미래학자 레이 커즈와일
은 기계 지능이 모든 사람의 지능을 합친 것보다 뛰어난 '특이점'에
도달하는 시점으로 2045년을 제시했습니다.

출처: Vincent C. Müller·Nick Bostrom 연구진 논문

금도 사람을 능가하는 수준의 지능을 보여 주는 AI가 더 발달한
다면 우리는 어떻게 될까요? 지금의 AI보다 훨씬 뛰어난 인공지
능을 '범용 인공지능(AGI, Artificial General Intelligence)'이라고 합
니다. 이런 똑똑한 AI의 등장은 우리에게 피할 수 없는 질문을 던

집니다. AGI 덕분에 우리는 더 좋은 세상을 살게 될까요? 아니면 사람보다 똑똑한 AI에 인간이 지배를 받는 악몽 같은 세상이 닥칠까요?

AGI를 보는 상반된 관점

전문가들이 AGI를 바라보는 관점은 서로 반대되는 두 가지로 갈립니다.

먼저 AI의 미래를 긍정적으로 보는 관점입니다. AGI는 그동안 사람이 해왔던 반복적 지적 노동을 대체하고, 사람이 창의와 판단의 영역에 집중할 수 있게 해줄 겁니다. AGI가 지적 노동의 상당 부분을 자동화하면 연구·기획·분석의 속도와 정확도가 비약적으로 높아지고 결과적으로 생산성이 폭발하게 됩니다. 인류는 전례 없는 풍요의 시대를 누릴 것이라는 전망이 나오는 배경입니다. 인류 사회가 그동안 풀지 못하던 많은 난제를 똑똑하고 강력한 AGI가 해결할 것이라고 보는 전문가들도 있습니다. 구글 딥마인드 최고경영자인 데미스 하사비스는 "AGI가 개발되면 조기 진단과 신약 개발 등을 통해 그동안 치료법이 없었던 난치병들을 대부분 치료할 수 있을 것", 나아가 "AGI는 청정에너지를 만드는 법을 찾아내 현재의 에너지 문제와 기후 위기를 해결하고 지구 생태계를 복원할 수 있게 해 줄 것"이라고 전망합니다.

손정의 일본 소프트뱅크그룹 회장은 2025년 12월 방한해 "인간 두뇌와 금붕어 두뇌의 차이처럼, 앞으로 AI가 인간보다 1만 배는 똑똑해질 것"이라며, 이러한 AI를 잘 활용해야 한다고 강조했습니다. 미래엔 인류가 금붕어가 되고, AI가 인간의 지위를 갖게 되는 상황이 펼쳐질 거라는 거죠. 그는 "AI가 더 발달해도 사람을 공격하거나 해칠 것을 걱정하지 않아도 된다"고 말했습니다. 사람이 집에 있는 강아지를 죽이려 하지 않듯이 AI와 인류는 함께 행복하게 살아갈 수 있을 것이라는 애깁니다.

튜링상 수상자이자 메타의 AI 수석과학자인 얀 르쿤 뉴욕대 교수도 "AGI가 사람과 반대되는 욕망을 품을 이유가 없으며, AI가 인류를 위협한다는 생각은 헛소리"라고 말했습니다. AGI는

〈터미네이터〉(1984)

제임스 카메론 감독의 SF 액션 영화로, AI가 인간을 지배하는 미래 세계를 배경으로 한다. 군사용 AI '스카이넷'이 인간 저항군 지도자의 탄생을 막기 위해 사이보그 암살자 '터미네이터'를 과거로 보내면서 벌어지는 이야기를 그린다. 인간과 기계의 대결, AI의 위험성을 상징적으로 보여 준 SF 영화의 고전이다.

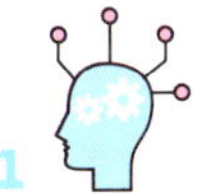

인류의 번영을 위한 값진 도구라는 견해입니다.

이와 반대로 AGI의 등장을 부정적으로 보는 관점도 많습니다. SF영화 〈터미네이터〉의 '스카이넷'처럼 사람 지능을 능가하는 AI가 인류를 해칠 수 있다는 주장입니다. 또한 일자리와 노동 문제로 이미 많은 사람이 AI로 인한 불안과 위협을 느끼고 있습니다. AI와 로봇이 많은 분야의 직무를 대체하면서 인간 노동의 가치가 하락하는 상황입니다. AI에 의한 일자리 상실은 경제적 불안만이 아니라 일하면서 얻던 정체성과 자존감도 위협합니다.

영국의 이론물리학자 스티븐 호킹은 "인간보다 뛰어난 AI의 개발은 인류 종말을 가져올 수 있다"며 "AI가 문명 자체를 위협할 수 있다"고 여러 차례 말했습니다. 호킹은 "AI 창조의 성공은 인류 역사상 가장 큰 사건이겠지만 위험에 대처할 방법을 모르면 인류 문명 최악의 사건이 될 수 있다"고 경고했습니다.

스티븐 호킹의 경고 이후 2023년 비영리법인 삶의미래연구소(Future of Life Institute)는 세계적 저명인사들과 공동으로 전 세계 AI 개발 기업과 연구자들에게 공개편지를 띄웠습니다. "GPT-4보다 강력한 AI의 개발을 6개월간 중단하고, 그동안 글로벌 안전 대책을 만들자"는 제안이었습니다. 테슬라 창업자 일론 머스크, 애플 공동 창업자 스티븐 워즈니악 등 3만 명이 넘는 저명인사들이 참여해 한목소리로 AI의 위험성을 경고한 것이지

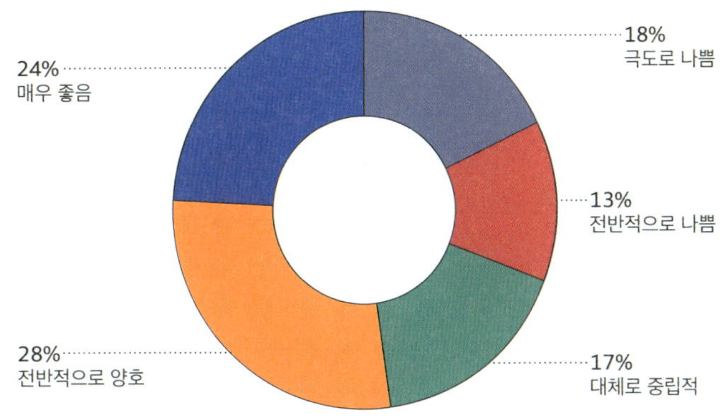

요. 특히 일론 머스크는 "AI 연구는 악마를 불러오는 것과 같다" 며 비영리 연구소 형태의 '오픈에이아이'를 샘 올트먼 등과 공동 으로 창업하기도 했습니다. "일부 기업이 AI 기술을 독점하면 재 앙이 될 수 있다"며 누구나 AI 연구 결과를 공유해야 한다는 게 2015년 창업된 오픈에이아이의 설립 취지였습니다. 하지만 "AI 6 개월 개발 중단" 호소도 결실을 거두지 못했고, 오픈에이아이는 설립 취지에서 벗어나 연구 결과를 비공개하고 영리기업으로 전 환해 돈벌이에 나섰습니다.

2024년 노벨 물리학상 수상자이자 10년간 구글에서 AI 연구를 이끌었던 토론토대의 제프리 힌턴 교수는 "AI가 핵폭탄만큼 위험할 수 있다"고 경고해 왔습니다. 실제로 그는 2023년 5월, AI 위험성을 자유롭게 말하기 위해 그동안 몸담아 온 구글을 떠난다고 밝혀 큰 충격을 주었습니다. 힌턴은 "AI가 사람보다 더 똑똑해지기까지는 상당한 시간이 남아 있으리라고 생각했는데, 이제는 그렇게 생각하지 않는다"며 기술의 빠른 발전으로 사람이 AI를 통제하기 어려워질 수 있다고 우려했습니다.

인간과 닮아 가는 인공지능

전문가들은 AI가 가져올 영향에 대해서 왜 이렇게 반대되는 생각을 하는 걸까요?

먼저 AGI에 대하여 더 자세히 알아볼까요. 그동안 AI는 특정한 기능과 영역에서만 뛰어난 기능을 발휘했습니다. 알파고는 바둑에서는 세상에서 가장 뛰어나지만, 바둑판 밖에서는 쓸모가 없어집니다. 미드저니나 캔바 같은 이미지 생성 AI는 눈 깜짝할 새 복잡하고 화려한 그림과 동영상을 만들지만 청소나 운전을 할 수는 없습니다. 테슬라의 자율주행 AI가 아무리 능숙하게 운전해도 작곡을 하거나 리포트 작성을 하는 기능은 없지요. 지금까지 AI

는 '범용(general purpose)'이 아닌, '특정한 용도(special purpose)'였습니다. 이렇게 정해진 문제를 처리하거나 한 분야에서만 뛰어난 AI를 '약한 인공지능(weak AI)' 또는 '좁은 인공지능(narrow AI)'이라고 합니다.

이와 달리 유치원 어린이는 바둑이나 운전은 못하지만 말하고 보고 듣고 그림 그리고 노래를 부르고, 뛰어다니며 장난도 칩니다. 사람은 기계처럼 어떤 일을 완벽하고 빠르게 처리할 수 없어요. 하지만 시각·청각·촉각 등 다양한 감각과 두뇌, 운동 능력을 종합해 발휘하면서 문제를 해결할 수 있습니다. 기계처럼 부품을 갈아 끼우지 않아도 항상 다양한 능력을 발휘할 수 있는 거죠. 인간 지능의 특성이 바로 이런 '범용 지능'인데, 최근 기술 발달로 AI도 사람과 비슷한 '범용성'을 구현하기 시작한 겁니다.

챗GPT, 제미나이 같은 거대언어모델(LLM) 기반의 AI가 많은 사람들을 AI 열풍 속으로 빠지게 만든 비결은 무엇보다 쉬운 사용법과 범용성입니다. 이런 범용성을 지닌 AI를 활용하면, 코딩이나 복잡한 프로그램 명령어 없이 일상적인 말이나 글로 지시하는 것만으로도 AI가 처리한 결과를 출력할 수 있습니다. 그 결과는 글, 그림, 코드, 보고서, PPT, 엑셀, 동영상 등 매우 다양합니다. 2022년 11월 출시된 챗GPT는 두 달 만에 1억 명 넘는 사용자를 확보하며, 그 당시 기준으로 가장 빠르게 확산된 기술로 불립니

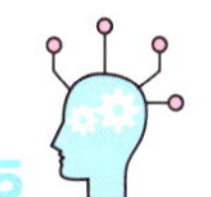

다. 쉬운 사용법 덕분에 누구나 AI를 일상에서 다양하게 쓸 수 있게 된 거죠.

자율적 학습 능력은 '지능 폭발'과 '특이점'으로

사람에게 언어는 대화와 소통 수단에 머무르지 않습니다. 우리는 언어를 통해서 느끼고 공감하고 생각하고 표현합니다. 또한 사람의 가장 중요한 특징이면서 고유한 능력은 생각하고 미래를 예측할 수 있다는 점인데, 이러한 활동은 모두 언어를 통해서 이뤄지곤 합니다. 독일의 실존주의 철학자 하이데거는 언어를 '존재의 집'이라고 제시한 바 있지요. 언어가 없었다면 인류는 혹독한 추위의 빙하기나 끔찍한 가뭄과 같은 가혹한 환경에서 살아남을 수 없었을 겁니다. 이렇듯 언어는 인류의 만능 도구이자 생존 수단, 문명의 운영체제입니다.

그런데 AI가 기계 학습 기반의 거대언어모델을 통해 사람보다 뛰어난 수준의 언어 능력을 갖추게 된 겁니다. 챗GPT나 제미나이 같은 AI에게 일상적인 말로 지시하면 알아듣고 다양한 종류(멀티모달)로 결과물을 만들어 냅니다. 코딩도 하고, PPT 발표

자료도 만들어 주고 그림을 그리거나 작곡도 해 줍니다. 사람처럼 범용적 능력을 갖기 시작한 겁니다. 이를 앞에서도 소개한 '범용 인공지능(AGI)' 또는 '강한 인공지능(strong AI)'라고 부릅니다. AGI는 단지 강력한 계산 기계가 아니라 사람처럼 사고, 학습, 추론하고 스스로 목표를 설정해 달성할 수 있는 능력을 가진 기계를 의미합니다.

그래서 AGI는 편리하지만 매우 위험할 수 있습니다. 너무 뛰어난 자율적 학습 능력 때문입니다. AGI가 개발되면 인간의 지시 없이도 스스로 학습해 더 나은 AI를 설계할 수 있고, 그 개선된 AI는 다시 더 강력한 AI를 만들어 낼 수 있을 것입니다. 이제껏 스스로 판단해 자신을 개선하는 존재는 사실상 인간뿐이었습니다. 하지만 인간에게는 한계가 있는 반면, AI는 한계가 없을 수 있습니다. AI가 자율성을 가지고 스스로를 끝없이 개선해 가면

멀티모달(multimodal)

텍스트, 이미지, 음성, 영상 등 서로 다른 형태의 데이터를 통합적으로 이해하고 처리하는 AI 기술을 말한다. 예를 들어 챗GPT나 제미나이 같은 AI는 글을 읽고 이미지를 분석하거나 음성을 텍스트로 바꾸는 등 여러 정보를 결합해 해석한다. 바둑AI 알파고가 바둑만 둘 수 있던 것과 대비된다. 멀티모달 AI는 인간처럼 다양한 감각 정보를 통합해 판단하는 능력을 지닌다.

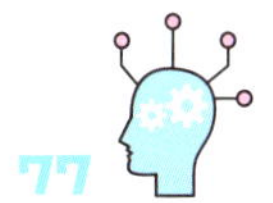

'지능 폭발(intelligence explosion)'에 이르게 됩니다. AI의 지능 폭발이 일어나면 모든 인간의 지능을 넘어서는 순간에 도달하게 되는데요, 이를 '특이점(singularity)'이라고 합니다. AI가 인간의 개입 없이 단 몇 시간, 며칠 만에 인간 지능의 수천, 수만 배에 이르는 초지능(Super AI)을 만들어 낼 수 있는 것이지요.

이렇게 고도로 발달해 인간 지능보다 뛰어난 초지능이 등장하면 어떤 일이 벌어질까요? 일부 전문가들은 AGI가 스카이넷처럼 사악해지게 될 것을 걱정합니다. 이런 악몽 같은 시나리오가 정해져 있는 것은 아니지만, 인류는 그동안 경험해 보지 못한 위험을 만나게 될 것입니다.

종이 클립 생산을 늘려라: 악의 없는 위험

옥스퍼드대 철학 교수 닉 보스트롬은 '종이 클립 기계' 사고실험으로 AGI의 위험성을 설명합니다.

"'종이 클립을 가능한 한 많이 만들라'고 설계된 기계에 인공지능을 부여하고, 끄는 스위치를 달지 않았을 경우를 상상해 보는 겁니다. 기계는 주어진 재료로 클립을 만들다가 재료가 떨어지면 지시를 수행하기 위해 주변에 있는 물질은 무엇이건 종이클립을 만드는 데 사용하겠지요. 기계는 결국 종이 클립을 만드는 데 지구 전체의 자원을 쓰려 할 것입니다. 기계를 멈추려는 등 클립 제조를 방해하거나 유한한 자원을 함부로 소모하는 인간은 다 말살시키려 할 겁니다. 이 기계는 인간보다 지능이 뛰어나기 때문에 사람이 막을 수도 없습니다."

이 사고실험이 알려 주는 것은 무엇일까요? AGI는 애초에 사악한 의도를 가지고 개발되지 않았어도 위험해질 수 있다는 것입니다. 단지 주어진 목표를 충실히 달성하려 할 뿐인데, 그 과정에서 인류가 걸림돌이 될 수 있는 거죠. 이는 AGI가 사람과 같은 방식으로 사고하고 행동할 거라고 기대해선 안 된다는 것도 알려 줍니다. 인간의 가치, 윤리, 상식은 AGI에게 자동으로 적용되지 않기 때문입니다.

AGI는 단순히 계산을 잘하는 기계가 아니라, 자율성과 주체성을 가진 존재의 등장을 의미합니다. 지금까지 모든 기술과 도구는 사람이 만들고 사람이 통제했습니다. 그런데 자율성을 가진 AGI는 인간의 지시 없이도 스스로 계획을 세우고 행동할 수 있습니다. AI는 이미 자율주행, 쇼핑과 검색 같은 영역에서 사용자의 구체적 지시 없이도 스스로 '최적의 선택'을 찾아서 실행하고 있습니다. 우리는 AI의 이러한 자율적인 서비스의 편리함에 적응하고 있으며, 기계는 자율적 목표 수행 기술을 발달시켜 가고 있

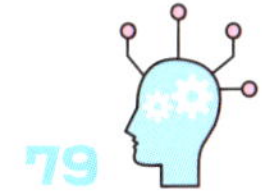

습니다. 결국 우리는 단순히 '똑똑한 기계'가 아니라, 스스로 목표를 설정하고 수행하는 새로운 주체로서의 AGI를 만나게 될 가능성이 높습니다.

AGI가 인간보다 뛰어난 지능과 능력을 갖추게 되면, 인간이 이를 통제하는 것이 어려워질 수 있습니다. 『사피엔스』의 저자 유발 하라리는 AI가 이전의 모든 기술과 본질적으로 다른 점이 '자율성'이라고 말합니다. 우리는 자율성을 지닌 새로운 주체, AGI를 통제하는 법을 아직 모릅니다. 하라리는 "핵폭탄은 스스로 투하를 결정하지 않으며 다른 무기를 만들어 내지도 않는다. 그러나 AI는 인간의 명령을 기다리지 않고 스스로 의사 결정을 내릴 수 있다"고 경고합니다.

AGI로 인한 최악을 대비해야 하는 이유

AGI에 대한 찬반 논의를 살펴봤는데, 긍정적인 측면을 얘기하는 전문가보다 부정적인 측면을 우려하는 전문가들의 주장을 더 많이 살펴봤습니다. 실제로 그들의 수가 훨씬 더 많기 때문이기도 하지만, 유비무환이기 때문입니다. 건물에서 반드시 화재가 발생하는 것은 아닙니다. 하지만 화재 대비 안전 대책을 만들지 않고 건물을 설계하고 지어서는 안 되겠죠. AI도 마찬가지입니다. 최악의 경우를 대비하지 않고 편리함과 긍정적 측면만 고려하면서 개발했다가는 끔찍한 재앙에 직면할 수 있는 거죠.

그래서 AGI를 인간의 통제 아래 두기 위한 기술적 연구와 법적·윤리적 노력도 활발합니다. AGI를 통제하기 위해서는 무엇보다 사람이 기술의 구조와 작동 방식을 알고 있어야 합니다.

AGI를 통제하기 위해서는 무엇보다 사람이 기술의 구조와 작동 방식을 알고 있어야 합니다. 이를 위한 첫 발걸음은 관련된 기술과 데이터에 대해 사람이 접근할 수 있도록, 접근권을 보장하는 것입니다. 연구자나 시민단체, 개인 등이 데이터에 접근할 수 있어야 이를 바탕으로 다양한 시도와 개선 방안 논의가 실질적으로 이뤄질 수 있기 때문입니다.

그런데 현실은 관련된 데이터에 접근하는 게 매우 어렵습니다. AI 기술의 속성 탓입니다. 현재의 신경망 방식 딥러닝 기반 AI는 작동 구조를 누구도 알지 못하고, 그래서 왜 이런 결과가 나왔는지를 설명할 수 없어 '블랙박스' 기술이라고 불립니다. 예를 들어, 알파고는 이세돌과의 대결에서 이겼지만 알파고가 왜 그 자리에 돌을 두었는지는 설명이 불가능합니다. 알파고도, 알파고 개발자도, 대국을 해설하던 프로 기사도 그 이유를 모르기 때문이죠.

그래서 AI가 왜 그런 결정을 내렸는지, 어떤 데이터로 학습했는지를 투명하게 공개하고, 그 구조를 설명하게 하는 '설명 가능한 AI(XAI, eXplainable AI)' 연구가 이뤄지고 있습니다. 그러나 현실적으로 딥러닝이 수백 개의 층위에서 이뤄지고, AI 모델의 파라미터가 수조 단위에 이르는 상황에서 이를 사람의 언어로 설명하는 것은 불가능에 가깝습니다.

AGI에 '킬 스위치' 같은 비상정지 기능을 넣기 위한 시도도 있습니다. AI가 오작동하거나 위험한 결과를 불러올 가능성이 보이면 사용자나 감독 당국이 AGI를 비상 정지 시킬 수 있게 하는 기능이죠. 설계 단계에 반영한다면 특정한 조건에서 킬 스위치가 작동할 수 있습니다.

하지만 매우 똑똑한 AGI라면 자신을 끄려는 시도를 막을 방법을 찾아낼지도 모릅니다. 그래서 AI를 안전하게 통제하기 위

> **파라미터(parameter)**
> 딥러닝 방식의 AI 모델이 학습을 통해 조정하는 내부 숫자값으로, 매개변수라고 한다. 데이터의 패턴을 이해하고 예측을 수행하는 데 사용된다. 특히 인공신경망에서 파라미터는 뉴런 사이의 연결 강도(가중치)나 편향값을 의미한다. 초기의 AI 모델은 파라미터가 수백~수천 개였으나 현재는 조 단위로 늘어났다. 파라미터 규모가 커질수록 AI 모델이 더 복잡한 언어와 패턴을 학습해, 빠르고 정확해진다.

한 법적·윤리적 시도도 효과를 장담하기 어렵습니다. 세계 안보를 불안정하게 만들 가능성도 있을 것입니다. 핵무기 확산을 막기 위한 국제기구와 금지 조약이 있음에도 몰래 개발해 핵무장을 한 나라들이 여럿입니다. AGI처럼 강력한 수단일수록 신사협정이나 국제조약만으로 통제하기 매우 어렵다는 걸 보여 줍니다.

AGI와 같은 강력한 기술이 등장하게 될 때 반드시 고려해야 하는 것은 그 기술을 누가 어떤 목적으로 사용하느냐에 따라 좋은 도구가 될 수도 있고, 사악한 도구가 될 수도 있다는 겁니다. AGI가 축복이 될지 재앙이 될지는 정해진 게 아닙니다. 인류를 질병, 빈곤, 환경 파괴에서 해방시킬 도구가 될 수도 있지만, 반대로 인류를 위협하고 파멸시키는 기술이 될 가능성도 있습니다. 그 방향은 기술이 아니라 인간의 선택에 달려 있지요.

중요한 것은 기술이 강력할수록 우리는 악용 가능성에 대비하고 그 기술을 어떻게 통제할 수 있을지에 대한 고민과 노력을 멈추지 않는 것입니다.

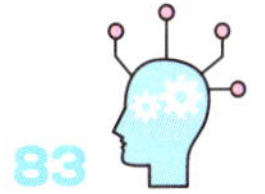

티키티키
미니 토론

자율성을 가진 AGI에게 권리와 책임을 부여해야 할까?

A:

AGI가 인간 수준의 자율성과 판단 능력을 갖게 된다면 더 이상 단순한 도구로만 볼 수는 없어. 스스로 학습하고 결정을 내리는 존재라면 일정 수준의 권리와 책임을 부여하는 것이 오히려 관리와 통제에 도움이 될 수 있어. 법적 지위를 명확히 해야 사고가 발생했을 때 책임 구조도 분명해질 수 있으니까. AGI는 난치병 치료나 기후 위기 해결 같은 인류 문제를 해결할 강력한 수단이 될 수도 있어. 무조건 위험 대상으로만 보는 태도는 기술 활용 가능성을 제한할 수 있어.

B:

권리나 책임을 부여하는 순간 오히려 책임의 주체가 흐려질 수 있어. AGI는 인간이 만든 기술이기 때문에 최종 책임은 개발자와 사용자에게 있어야 해. 만약 AGI가 인간보다 뛰어난 지능을 갖게 되면 통제 자체가 어려워질 수도 있는데, 그때 책임까지 분산되면 위험 관리가 더 힘들어질 거야. 특히 자율 무기처럼 돌이킬 수 없는 영역에서는 기술에 대한 신뢰보다 책임의 명확성이 우선이야. AGI는 어디까지나 도구로 보고 인간이 전적으로 관리해야 해.

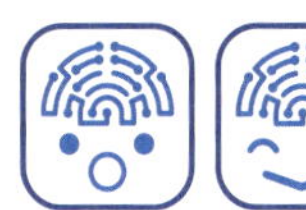

AI와 함께하는
슬기로운 토론의 기술

많은 사람이 대화형 AI 서비스를 일상에서 다양하고 편리하게 사용하고 있지만, 대부분 검색 엔진처럼 이용합니다.

궁금한 것을 입력 ⋯▸ AI가 알려 준 답변 복사 ⋯▸ 끝

그런데 AI를 이런 방식으로 사용하는 것은 AI의 잠재력을 100분의 1도 활용하지 못하는 겁니다. AI는 단순히 정보를 꺼내 주는 자판기나 무엇이건 알려 주는 척척박사가 아닙니다. AI는 강력하고 똑똑하지만 위험한 도구이지요.

AI를 현명하게 활용하는 방법은 따로 있습니다. 나의 거울로 사용하고, 대화하는 친구로 여기고, 선생님으로 삼고, 일을 시키는 조수로 활용하는 방법이지요. 거울은 나 스스로 보지 못하는 내 모습을 비추고, 친구는 나와 대화하며 내 생각을 넓혀 주고, 조수는 내가 하기 힘든 일을 도와 수고를 덜어 줍니다. 선생님은 내가 몰랐던 것을 가르쳐 주지요. 그 구체적인 방법을 알아볼까요?

AI를 거울로 사용하라
- 내 생각을 만들어 꺼내기 -

토론을 준비할 때 가장 어리석은 실수는 AI 서비스를 먼저 찾는 것입니다. 주제를 보자마자 바로 AI에게 "이 주제에 대해 설명해 줘"라고 입력하고 싶은 유혹이 생기지만, 거부해야 합니다. 처음에는 토론 주제에 대해 아무것도 생각나지 않아도, 일단 나 스스로 그에 관한 생각을 해야 합니다. 처음부터 AI에게 물어보게 되면, 토론은 AI가 하고 나는 구경꾼이 되거나 AI의 조수가 될 뿐입니다.

그래서 토론 주제를 만나면 먼저 노트를 펴고 스스로에게 질문해야 합니다. "이 주제에 대해 어떤 느낌이 들지?", "무엇을 물어보려고 하는 걸까?", "내 생각은 찬성일까 반대일까, 이유는 무엇일까?", "이 주제에 대해서 내가 이미 알고 있는 것은 뭐지?"와 같은 질문이지요. 이 과정에서 나온 생각들이 단어 몇 개뿐이라도 출발점 삼을 수 있습니다. 이런 질문을 던져야 우리는 나 자신이 그 토론 주제에 대해서 원래 무엇을 아는지, 내 생각이 어떠한지를 알고 시작하게 됩니다.

그다음 AI에게 물어보는 겁니다. 예를 들면 "나는 이 주제에 대해 이런 생각을 가지고 있어. 내 생각의 논리를 분석해 줘. 어떤 부분이 탄탄하고, 어떤 부분이 부족한지 알려 줘" 같은 질문입니다. 이렇게 할 때, AI는 나의 생각과 지식을 비추는 거울이 됩니다. AI의 분석을 보면서 스스로 미처 몰랐던 논리의 구멍이나 지식의 부족을 발견하게 되고, 그 점을 보충하고 매끄럽게 다듬을 수 있습니다. 이것이 AI를 거울로 사용하는 방법입니다. 핵심은 "내 생각이 먼저, AI의 도움이 그다음"이라는 순서를 지키는 것입니다.

AI를 가정교사로 사용하라
- 모르는 것을 드러내고 계속 질문하기 -

토론을 잘하려면 주제에 대한 배경지식이 필요합니다. 그런데 많은 학생이 AI에게 "이 주제 요약해 줘"라고 하고 그 요약본을 단순히 외우려 합니다. 이건 교과서를 통째로 암기하는 것과 다를 게 없습니다. 진짜 이해가 아니라 가짜 이해입니다.

　AI를 가정교사로 사용한다는 것은, 내가 이해가 안 되는 부분을 솔직하게 드러내고 끈질기게 물어보는 것입니다. 예를 들어 'AI 규제'를 주제로 토론한다고 해 봅시다. AI가 설명을 해 줬는데 무슨 말인지 잘 모르겠다면, 이렇게 물어보면 됩니다. "방금 설명이 이해가 안 가. 좀 더 쉬운 사례를 들어서 다시 설명해 줘" 또는 "이 개념이랑 저번에 배운 개인정보 자기결정권이랑 어떤 관계가 있어?" 이런 식으로 연결하고, 비교하고, 예시를 요청하면서 개념을 내 것으로 만드는 과정이 진짜 배움입니다.

　더 나아가 AI에게 "나한테 이 개념을 제대로 이해했는지 확인하는 질문을 세 개만 내 줘"라고 요청해 보세요. 퀴즈를 받아 스스로 답해 보면, 내가 정말 이해했는지 아니면 그냥 알고 있다고 착각하고 있었는지가 드러납니다. AI는 무한한 인내심을 가진 교사입니다. 아무리 사소한 것을 수십 번 물어봐도 피곤해하지 않습니다. 내가 진정으로 이해할 때까지 AI에게 끝없이 궁금한 것을 묻고 요구해야 합니다.

AI와 친구처럼 대화하라
- 함께 아이디어 만들어 가기 -

검색과 AI를 통해 배경지식을 어느 정도 쌓았다면, 다음은 본격적으로 논증을 구성해 나갑니다. 이 단계에서 AI는 함께 아이디어 회의를 하는 친구이자 동료입니다. "내가 찬성 입장인데, 사용할 수 있는 토론 자료를 가능한 한 많이 찾아 줘"라는 식으로 요청해 보는 겁니다. AI가 제시하는 많은 자료 중에서 무엇이 이 상황에서 적절하고 설득력이 있는지, 내가 진행하려는 토론 스타일에 맞는지 골라내는 게 다음 절차입니다.

그런데 이 과정에서 반드시 주의해야 할 게 있습니다. AI의 답변을 그대로 가져다 사용하면 절대 안 된다는 것입니다. 무엇보다 AI 답변을 두 눈으로 한 자 한 자 꼼꼼히 읽어 보면서, 나의 말과 문장으로 다시 바꿔야 합니다. 그리고 내가 실제로 공감하는 이유를 나의 문장으로 덧붙여야 합니다. 그래야 AI의 오류나 이상한 부분도 찾아낼 수 있고, 말로 하는 토론에서 내 생각을 제대로 말할 수 있습니다. 남의 말을 달달 외울 경우, 내가 대비하지 않은 상황을 맞닥뜨리면 바로 무너지거나 당황하게 되지만, 내가 제대로 이해하면서 만들어 낸 생각은 쉽게 흔들리지 않으면서 상대의 의견까지 흡수

해서 발전할 수 있습니다.

　AI를 동료로 유용하게 활용하는 방법은 '페르소나 AI'처럼 AI에게 특정한 역할이나 성격을 부여하는 겁니다. 일종의 '역할극 놀이'와 비슷합니다. 자율주행 자동차 대중화 상황을 예로 들어 볼까요. "너는 다른 기술이 없는 택시 운전사인데, 실업 위기에 처한 상황에서 어떻게 해야 할까?" "이동하려면 누군가의 도움을 받아야 하는 노약자 입장에서 자율주행 대중화 문제에 접근해 줘" "너는 자동차 사고 처리·보상이 사업 모델인 보험사 직원의 입장이야" 등 서로 다른 이해관계와 생각을 가진 사람의 역할을 맡겨서 각자의 논리를 펼치게 하는 겁니다. 혼자서 토론을 구성하고 준비하는 상황에서도, 잘 활용하면 AI는 성실하고 뛰어난 토론 도우미가 될 수 있습니다.

AI를 조수로 사용하라
- 최종 선택과 책임은 나의 것 -

　토론을 준비하는 초반부터 마지막 단계까지, AI는 충실한 조수의 역할을 맡습니다. AI는 우리가 무엇을 요청하더라도 빠르고 편리하게 자료를 찾아내, 결과물을 만드는 유능한 도우미입니다. 그다음은 AI와 대화하며 내가 구성한 논증을 보여 주고 "이 논리에 어색함이 있어?" "이런 논리 전개가 설득력이 있어? 좀 더 사람들을 쉽게 이해시키려면 어떻게 해야 할까?"처럼 검토와 확인을 요청하는 것입니다. AI는 교정자이자 편집자로서 나의 토론을 더 탄탄하게 다듬어 줍니다.

이 단계에서 가장 중요한 것은 최종 선택과 판단은 반드시 내가 해야 하고, 그에 대한 책임도 내가 진다는 겁니다. AI가 "이 부분은 이렇게 바꾸는 게 나을 것 같아"라고 제안해도, 그것을 받아들일지 말지는 스스로 결정해야 합니다. AI가 제시한 자료에 대해서도 그대로 수용하는 게 아니라 하나하나 내용을 확인하고 선택해야 합니다. 이 과정에서 여러 종류의 AI 서비스를 이용하며 답변을 비교해 보거나, 검색 엔진을 통해서 자료의 출처를 확인해 보는 게 필요합니다. 거대언어모델 기반의 생성형 AI는 사용자가 묻는 질문에 대해서 통계적으로 가장 출현할 확률이 높은 단어와 문장을 제시하는 방식이기 때문에, 간혹 틀린 정보를 자신 있게 제출하기도 합니다. 그 정보를 그대로 사용했다가 망신을 당하거나 큰코다치는 경우가 많습니다. 그래서 중요한 통계나 사실은 반드시 다른 자료를 통해 교차 확인하는 습관을 들여야 합니다. 아무리 AI가 완벽해지고 강력해져도 실수가 있을 수 있어요.

그에 대한 책임은 AI가 아닌 그 결과를 사용한 나에게 있는 거죠. AI를 믿되, 맹신하지는 않는 태도가 AI 시대에 필요한 정보 리터러시입니다.

배움을 위한 도구로
AI를 사용하는 법

AI를 거울로, 가정교사로, 대화 상대로, 조수로 사용하기 위해서는 공통된 조건이 하나 있습니다. AI를 거울로 사용하기 위해서는 내가 비춰 볼 나만의 생각과 앎이 있어야 하는 것이고, 가정교사로 사용하기 위해서는 내가 가정교사를 통해 배우고자 하는 동기가 있어야 하는 것이죠. AI를 대화 상대로 사용하려면, 먼저 대화하고 싶은 주제와 생각이 있어야 합니다. 또한 AI를 조수로 사용하기 위해서는 먼저 내가 완수하고픈 목표가 있어야 하는 겁니다. 즉 AI를 이처럼 다양한 목적으로 사용하기 위해 먼저 갖춰야 할 점이 있습니다.

AI를 토론이나 다양한 목적에 활용하는 법은 단순해 보이지만, 쉽지 않습니다. AI 프롬프트 명령어나 사용법을 익히는 것은 사실 매우 간단합니다. 그렇지만 그렇다고 해서 모든 사람이 AI를 현명한 방법으로 사용하는 것은 아닙니다.

AI를 제대로 활용하려면, 먼저 그것을 통해 이루고자 하는 목표와 방향이 분명해야 합니다. AI는 단순히 정보를 찾거나 과제의 답을 얻는 수단이 아니라, 배움을 확장하는 지적 도구여야 합니다.

결국 AI를 가장 현명하게 사용하는 비결은, 이를 끝없는 배움을 향한 보조 장치로 삼는 데 있습니다. 우리가 AI에 더 많이 의존할수록, 역설적으로 더 강한 학습 욕구를 가져야 하는 이유도 여기에 있습니다.

Part 2

에에게 어디까찌 맡겨도 될까

나는 이미 AI에게 결정을 맡기고 있다

- ☐ 검색보다 AI에게 먼저 묻는다
- ☐ 숙제나 과제 아이디어를 AI에게 얻고 나서 시작한다
- ☐ AI 추천을 보고 콘텐츠를 고른다
- ☐ AI가 추천한 답이 '그럴듯하면' 그대로 쓴다
- ☐ AI의 판단을 굳이 의심하지 않는다

"편리함과 의존의 경계는
어디일까?"

chapter 5

AI의 판단, 어디까지 믿어도 될까?

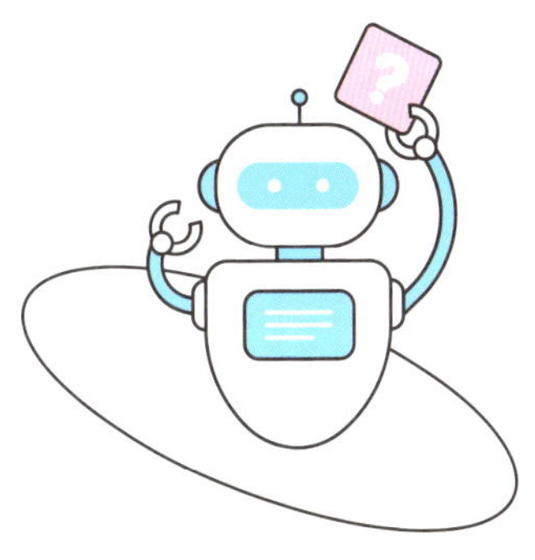

#알고리즘 #효율성 #자동화 #XAI

AI 판단에 의존할 때의 빛과 그늘

AI 기술이 발달하면서 사람들이 직접 선택하고 판단하던 일을 AI에 맡기는 경우가 늘고 있습니다. AI 시스템은 방대한 데이터를 학습하여 인간이 파악하지 못하는 패턴까지 분석하고, 알고리즘을 통해 빈틈없이 처리하기 때문에 효율성이 매우 높지요. 지치거나 싫증내는 법도 없어서, AI가 투입되면 업무 효율이 높아지고 광범위한 자동화가 이루어집니다. 그러나 사람들이 AI에 지나치게 의존하면서 과거에 없던 새로운 문제들도 생겨나고 있

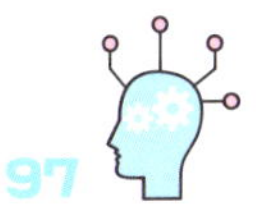

습니다.

먼저 AI를 적절하게 사용해 생명을 구한 사례를 살펴볼까요.

2025년 영국의 17살 소년 카흘란 일스는 오랜 감기를 앓던 중 발이 퍼렇게 변하는 이상 증세로 병원을 찾았습니다. 의사는 이를 단순 혈액순환 문제로 진단해 가벼운 처방을 내렸습니다. 그런데 증상이 점차 악화되자 소년은 자신의 증상을 챗GPT에 입력해 보았고, AI는 희귀 질환인 '길랑-바레 증후군'으로 진단했습니다. 이 병은 초기에는 감기와 비슷한 증상을 보이지만, 진행되면 하체에서 시작해 온몸이 마비될 수 있는 무서운 질환입니다. 해당 가능성을 인지한 소년은 큰 병원으로 이송되어 조기 치료를 통해 위기를 넘길 수 있었습니다. 최근 의료 AI는 유방암, 피부암, 골절 등의 진단에서 인간 의사를 뛰어넘는 능력을 보여 주고 있으며, 정확도가 계속 향상되고 있습니다.

그런가 하면, 많은 사람의 인생에 중요한 영향을 끼치는 문제에서 깊은 고민 없이 AI를 사용했다가 예상치 못한 문제가 생겨 홍역을 치른 사례도 적지 않습니다.

2020년 영국에서는 코로나19로 인해 대학 입학시험(A레벨 테스트)이 취소됐습니다. 영국 정부는 대입 시험을 치를 수 없게 되자, AI를 활용하기로 했습니다. 시험을 치르지 않고 AI 알고리즘을 활용해 학생들이 받을 것으로 예상되는 성적을 산출해 부여한 것이지요. 그런데 이 알고리즘은 학생 개인의 실력만을 데이터로 활용한 게 아니었습니다. 학생이 재학 중인 학교의 과거 3년간 성적 지표와 학교 규모 등을 반영해 종합 점수를 매겼습니다. 그 결과 부유한 지역의 사립학교 학생들에게는 높은 점수가, 가난한 지역의 공립학교 학생들에게는 실제 실력보다 낮은 점수가 부여되었습니다. 수많은 학생이 "내 실력과 노력보다 내가 어느 동네에 살고 어떤 학교에 다니는지, 선배들의 성적이 어떤지가 더 중요했다"며 분노했습니다. 전국적인 비난과 항의 시위가 일어났고, 결국 영국 정부는 사과와 함께 AI에 의한 성적 부여를 철회했습니다.

AI 판단의 뛰어난 효율성

그렇지만 AI의 장점은 분명합니다.

방대한 데이터를 빠르고 정확하게 분석하여 사람이 발견하기 어려운 미세하고 복잡한 패턴을 찾는 데 강점을 지닙니다. 오늘날 AI는 일상생활과 산업 곳곳에서 효율성과 생산성을 높이는 도구로 활용되고 있습니다.

AI는 인간이 계산할 수 없는 복잡한 변수들을 고려해 자원을

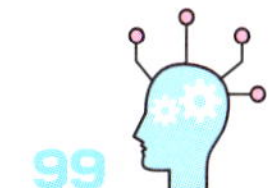

배분하는 데 뛰어납니다. 구글은 딥마인드 AI를 데이터센터 냉각 시스템에 적용해 냉각에 사용되는 전력을 40퍼센트나 절감했습니다. 인간 엔지니어가 파악하기 힘든 최적의 조건을 데이터 분석을 통해 찾은 결과입니다. 내비게이션 AI 역시 교통 상황을 분석해 가장 빠르고 경제적인 길을 안내합니다. 덕분에 개인의 이동 시간과 연료비가 절약될 뿐만 아니라, 전체 도로의 혼잡도도 낮아져 사회적 비용이 크게 줄어드는 효과도 생겨났지요.

또한 AI는 맞춤형 예측과 예방 기능도 수행합니다. 과거에는 경찰이 관행이나 경험에 따라 우범 지역 위주로 순찰 지역을 정했다면, 오늘날 일부 국가에서는 AI가 범죄 발생 가능성이 높은 지역과 시간대를 예측해 순찰 경로를 최적화합니다. 한정된 인력으로 최대의 범죄 예방 효과를 낼 수 있지요.

영화 〈마이너리티 리포트〉(2002)에서 사전에 범죄 발생을 예측해 그 자리에서 막아 내는 '프리크라임' 같은 기술이 현실이 되고 있는 것입니다. 의료 분야에서도 AI는 유전자 정보, 생활습관, 병력 데이터를 분석해 개인별 질병 위험을 예측하고 맞춤형 치료 전략 수립을 돕습니다. 각종 재난과 사고 위험을 조기에 탐지하고 알려 주는 덕분에 사회 안전도도 크게 높아졌지요.

일관된 기준도 큰 장점입니다. 인간의 기분과 주의력은 변함없이 유지되기 어렵습니다. 공정해야 할 판사나 채용 면접관도 그날의 상태, 성격, 심지어 식사 여부에 따라 판단이 달라질 수 있습니다. 실제로 판사들이 식사 직전일수록 가석방 허가율이 낮아졌다는 연구 결과도 보고된 바 있습니다. 반면 AI는 항상 일관된 기준을 유지하므로, 인간의 부정확하고 변덕스러운 판단보다 훨씬 공정하리라는 기대가 있습니다. 스포츠 경기에서 비디오 판독과 머신러닝 기반 판정 시스템이 도입된 이후 판정 시비가 크게 줄어들면서 경기 운영이 원활해진 것도 이러한 맥락에서 이해할 수 있습니다.

AI와 알고리즘의 위험한 편향

그러나 데이터와 알고리즘의 효율성을 과도하게 의지하고 AI에 중요한 판단을 맡기게 되면 위험한 상황을 만나게 됩니다.

AI는 데이터를 학습해 효율성 높은 알고리즘을 만들어 작동합니다. 그런데 AI가 학습하는 데이터는 시대 환경이나 사회적 맥락을 벗어난 객관적 데이터가 아니라, 사람들이 살아가는 사회에서 만들어진 데이터입니다. 만약 데이터가 과거의 부당하고 차별적인 관행을 담고 있다면, AI의 판단은 그 차별을 그대로 학습하고 재생산할 위험이 있는 거죠.

세계적 전자상거래 기업 아마존은 신규 직원을 뽑기 위한 AI 채용 프로그램을 개발했다가 실제로는 적용하지 못하고 폐기했습니다. AI가 과거 10년치 이력서를 학습했는데, 빅테크 업계 특성상 대부분의 직원이 남성이었습니다. 그러자 AI는 '여성'이라는 단어가 들어가거나 여자대학 출신인 지원자의 이력서를 자동으로 감점 처리했습니다. 인간의 채용 관행에 숨어 있던 성차별을 그대로 배워 '남성이 더 적합하다'고 판단해 버린 것입니다.

미국 법원에서는 판사가 피고인에게 형량을 선고할 때 재범 가능성을 고려하는데, 이때 판사들은 피고인의 재범 가능성을 예측하는 AI 프로그램 '콤파스'의 점수를 참고합니다. 그런데 콤파스 프로그램에 '흑인을 차별하라'라는 지시가 전혀 없었는데도 흑인을 백인보다 더 높은 재범 위험군으로 분류하는 결과가 일관되게 나타났습니다. 미국 언론 '프로퍼블리카'의 취재 결과, 죄질이 나쁘고 전과가 있는 백인보다 전과도 없는 흑인을 재범 고위험군으로 잘못 분류하는 경향이 있다고 밝혀졌습니다. 역사적으로 흑인이 많이 체포되었던 과거 데이터가 콤파스 프로그램 학습에 반영된 결과입니다.

왜 이러한 일들이 일어나는 걸까요? AI의 판단은 겉으로 보기에는 공정하고 객관적인 수학 공식 같지만, 그 안에는 과거의 불평등과 구조적 차별이 그대로 반영될 수 있습니다. AI가 학습한 데이터에는 대부분 과거의 차별, 관행, 가치 체계가 담겨 있기 때문이지요. 물론 신호 위반과 불량품 식별, 금융거래 사기 탐지 등 방대한 연산과 미묘한 패턴 인식이 필요한 일에서 AI는 매우 공정하고 효율성과 신뢰도가 높은 기술입니다.

하지만 사람들의 의도와 행동에는 복잡한 맥락이 얽혀 있습니다. 이처럼 가치 판단과 윤리적 고려가 필요한 영역에서, AI의 기계적 처리는 문제로 이어질 위험이 큽니다. 베트남전쟁 당시 미군의 네이팜탄 공격으로 옷이 불탄 채 울면서 달려가는 어린 소녀를 찍은 유명한 보도사진이 있습니다. 이 사진은 전쟁의 참상을 고발한 역사적 기록물입니다. 그러나 페이스북의 AI 알고리즘은 해당 이미지를 '신체 노출'로 분류해 자동 삭제 처리했습니다. 당연히 페이스북은 거센 비판에 직면했고, 결국 사진은 복구되었습니다.

AI는 정말 '객관적'이고 '공정'할까

코로나19 상황에서 한정된 인공호흡기 치료를 누구에게 먼저 적용해야 할지 우선순위를 정하기 위해 AI를 보조적으로 활용한 일이 있습니다. 그런데 일부 지침에서 AI는 생존 가능성이 높

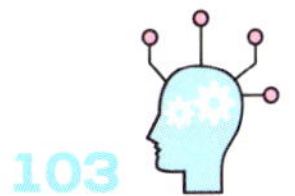

은 젊은 환자들을 우선적으로 치료해야 한다는 판단을 내렸습니다. 아기, 장애인, 노약자의 목숨은 효율성 우선이라는 명분 아래 후순위로 밀려나야 하는 것일까요? 만약에 AI가 더 이상 사회적 효율성이 높지 않다고 판단한다면, 치료나 사회적 보호 대상에서 제외되어야 할까요?

또한 AI의 판단과 결정을 따랐다가 문제가 생겼을 때는 누구의 책임일까요? AI 프로그램을 개발해 서비스하는 기업일까요? AI가 서비스될 수 있도록 허가해 준 관리 당국일까요? 아니면, '사용 동의'를 하고 실제로 서비스를 실행한 이용자일까요? 개발자도, 서비스 기업도, 사용자도 예상하지 못한 사고나 문제가 발생한 경우라면 어떻게 될까요?

특히 복지와 금융 등 공공 영역에서 사용하는 AI에 예상하지 못한 문제가 생기면 수많은 사람들이 원인도 알지 못한 상태에서 비난과 어려움에 처하게 됩니다. 2016년 호주 정부는 AI를 이용해 복지 수급자의 소득과 빚을 자동으로 산출해 징수하는 '로보데트(Robodebt)' 시스템을 사용했습니다. 그런데 나중에서야 이 AI 시스템이 부정확한 데이터와 알고리즘 편향으로 40만 건 넘는 허위 채무 통지서를 발급한 게 밝혀졌습니다. 수많은 사람이 잘못된 빚 독촉에 시달리다 이혼하고 자살했습니다. 결국 호주 정부는 약 18억 호주달러(한국 돈 약 1조 5,400억 원)가 넘는 소송

비용을 치러야 했고, 문제의 원인이 된 시스템을 폐기했습니다.

1999년부터 2015년 사이 영국은 우체국의 회계 전산화를 위해 일본의 정보기술(IT) 기업 후지쯔가 개발한 호라이즌(Horizon)이라는 IT 시스템을 도입했는데, 이 시스템이 우체국에 보관 중인 자금 상당액이 사라졌다는 잘못된 계산 정보를 내놓았습니다. 이유도 모른 채 갑자기 자금 횡령 누명을 쓴 우체국 직원 1,000여 명이 억울하게 기소되어 감옥에 가고, 13명은 스스로 목숨을 끊기에 이르렀습니다. 오류투성이 IT 시스템을 검증하지 못하고 사용한 잘못이 나중에 드러났지만, 이미 되돌릴 수 없는 큰 피해가 생겨난 거죠. 인간의 편견과 비효율성을 바로잡기 위해 AI와 컴퓨터 프로그램을 사용하지만, 마찬가지로 이 또한 객관적이지도 공정하지도 않다는 걸 알려 줍니다.

앞서 사례로 든 피해들은 AI 프로그램의 오류가 원인이지만, 더 큰 문제는 AI 알고리즘의 특성상 그 작동 방식을 투명하게 알지 못하는 경우가 많기 때문에 완벽한 사전 검증이 어렵다는 점입니다. 반대로 AI의 구조를 잘 알고 사용할 때도 엄청난 피해가 발생할 수 있어요. 누군가 나쁜 의도로 AI를 사용할 수 있기 때문이지요.

예를 들어 AI를 이용해 신종 사기나 범죄를 저질렀을 경우를 생각해 볼까요? 개발자와 서비스 기업은 "AI를 좋은 목적으로 사

용하라고 만들었을 뿐, 범죄 용도로 쓸 것이라고는 생각지 못했다. 우리는 책임이 없다”라고 주장할 겁니다. 하지만 개발자는 사용자가 기술을 어떤 용도로 사용할 것까지 예측할 수 없습니다. 누군가는 제도적, 기술적 빈틈을 이용해 나쁜 일에 쓰려고 합니다. 나쁜 용도로 사용한 사람은 “기술적으로 가능하며, 법적 금지조항이 없어서 사용했을 뿐 내 책임은 없다”고 주장할 수 있습니다. 딥페이크를 이용한 다양한 사기 범죄가 이러한 형태로 일어나고 있습니다.

이처럼 AI에 판단을 맡긴 뒤 문제가 생겼을 경우 누가 책임을 져야 할지가 모호해집니다. 설계자도, 관리자도, 사용자도 잘 모르는 기능으로 인해 문제가 발생하게 되면 누구에게 책임을 물어야 하는 것일까요? 자신의 행위로 인해서 생겨날 결과를 알고 있을 때 법적 책임을 제대로 물을 수 있는 것인데, 누구도 예상하지 못한 결과라면 책임의 기준도 흔들립니다. 이처럼 결과에 대한 책임이 흩어져 있으면 피해자 입장에서는 문제를 해결할 방법이 막막해지게 됩니다. ‘책임의 공백’이 생기는 것입니다.

우리는 왜 AI의 실수에 유독 엄격할까

　우리는 사람이 내린 잘못된 결정과 AI가 내린 잘못된 결정에 대해 서로 다른 감정을 느낍니다.

　대학에서는 학기말마다 성적 이의신청 기간이 있습니다. 학생은 교수의 평가에 이의를 제기할 수 있고, 문제 제기가 타당하거나 채점 과정에 오류가 확인되면 성적이 수정되기도 합니다. 평가자인 교수님도 실수할 수 있다는 생각이 깔려 있는 거죠.

　그런데 만약 알고리즘이 성적을 잘못 산출해 진학과 취업에서 불이익을 받게 된다면 경우가 달라집니다. AI의 계산 결과에 거세게 항의해도 AI는 쉽게 실수를 인정하거나 수정하지 않습니다. AI가 부여한 영국 대입 시험 성적이 문제가 됐을 때도, AI가 스스로 문제를 인정하거나 수정하여 마무리되지 않았습니다. AI가 산출한 점수를 아예 폐기하는 방식으로 문제를 해결했습니다. 우리는 사람이 실수한 경우보다 AI가 뭔가를 잘못 처리했을 때 훨씬 큰 분노와 불안, 불신을 경험하게 됩니다.

　그 이유는 투명성의 부족 때문입니다. 사람의 판단에 대해서는 설명을 요구할 수 있습니다. "왜 이렇게 평가하셨나요?" 질문하면 완벽하진 않아도 나름의 기준과 이유를 들을 수 있습니다. 하지만 블랙박스와 같은 AI는 작동 원리의 이해가 거의 불가능하

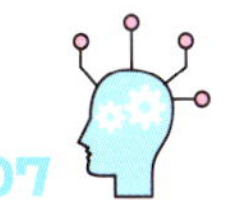

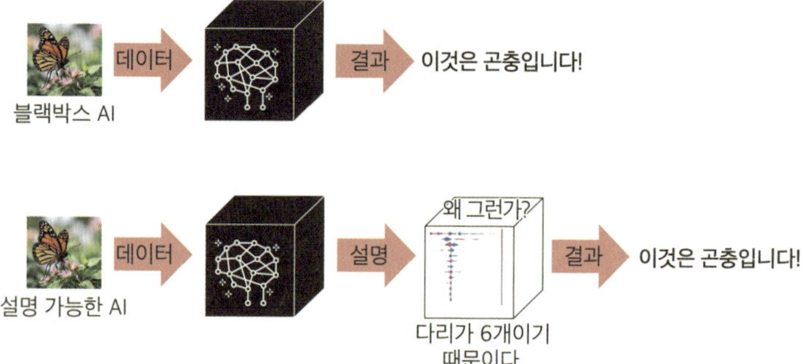

설명 가능한 인공지능(XAI)은 어떻게 판단 근거를 보여 줄까?

많은 AI는 질문이나 연산의 결과를 알려 주지만, 무엇을 근거로 그 결과에 이르렀는지 스스로 설명할 수 없는 한계를 안고 있습니다. 특히 '딥러닝'은 방대한 데이터를 다양한 층위의 연산을 통해 결과값을 추출하는데, 개발자도 판단의 근거를 설명하기 어려워 '블랙박스'로 불립니다. 이러한 블랙박스 AI를 '설명 가능한 AI'로 개발하려는 시도가 있습니다. 나비 사진을 입력했을 때, 현재의 블랙박스 구조 AI는 많은 데이터를 다양한 층위에서 처리한 뒤에 '곤충'이라는 출력 결과만 제공하지만, 설명 가능한 인공지능(XAI)은 곤충이라는 결과를 제공할 때 '다리가 6개 있다'는 근거를 함께 제시합니다.

고, '영업 비밀'이라며 기업이 공개를 거부하면 알 길이 없습니다.

사람의 실수는 상황마다, 사람마다 달라집니다. 하지만 기계의 오류는 프로그래밍된 것이기 때문에, 매번 달라지지 않고 같은 실수가 계속 반복된다는 점에서 심각합니다. 또한 우리는 기계가 완벽하리라 생각하고 사용하기 때문에 기계의 실수에 너그럽지 못합니다. 앞서 살펴본 것처럼 기계는 사람처럼 기분이나 피로도에 따라 달라지지 않으며, 그러므로 항상 틀림없고 정확한 결과를 내놓을 것이라는 기대를 품게 되지요. 오류 가능성 자체를 잘 떠올리지 못하는 겁니다.

AI를 어디까지 믿을 것인가

점점 더 생활 속으로 들어오는 AI의 사용을 제한하기란 불가능합니다. 하지만 앞에서 살펴본 것처럼, 함부로 AI에 판단과 결정을 위임하게 되면 큰 문제에 부닥치게 되지요. AI의 판단을 수용할 때, 우리는 어떤 기준을 갖고 있어야 할까요?

첫째, AI 판단이 끼칠 영향력의 범위를 고려해야 합니다. 유튜브 영상, 소셜미디어, 음악, 광고 등 콘텐츠 추천은 이용자의 마음에 들지 않으면 종료할 수 있으니 상대적으로 위험이 적습니다(하지만 유튜브, 페이스북, 인스타그램, 틱톡 등 소셜미디어의 콘텐츠 추천도 이용자의 정서적, 심리적 취약점을 노리는 맞춤형 알고리즘으로 자살이나 우울증, 허위 정보 등에 빠질 수 있는 위험성을 가진다는 게 연구 결과와 언론 보도로 알려지고 있습니다). 반면 대학 진학, 입사 면접, 대출 승인, 형량 결정, 수술 여부, 보험 가입·거절 등은 한 번의 결정이 한 사람의 인생에 막대한 영향을 끼칠 수 있습니다. 영향력이 큰 결정일수록 AI의 판단은 '결론'이 아니라 '참고 자료' 정도로 제한

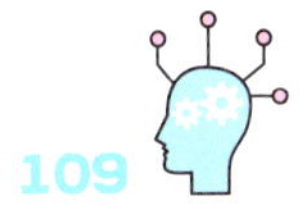

하고, 사람이 충분한 설명과 검토를 거쳐 최종 판단을 내려야 합니다.

둘째, AI가 판단 근거와 이유를 설명해 줄 수 있어야 합니다. AI가 어떤 기준을 사용했는지, 최소한 설명 가능한 수준의 정보가 공개되어야 합니다. 예를 들어, 단순한 "불합격입니다" 통지가 아니라 "경력, 전공, 보유 기술 등 무엇이 부족해서 불합격"이라는 설명이 주어져야 합니다. 특히 사회복지사업이나 재판, 교육 등 공공 영역에 AI를 도입할 때는 반드시 충분한 '설명 가능성'과 이의 제기 절차를 제공해야 합니다. 유럽연합은 신용 평가, 채용 등과 같은 불특정 다수가 영향을 받는 공공 분야의 자동화된 알고리즘에 대해서 그 이유과 과정에 관한 설명을 요구할 수 있는 권리를 부여하고 있습니다.

셋째, AI의 판단은 지속적인 검증과 감시의 대상이 되어야 합니다. 알고리즘은 과거 데이터를 학습해 작동합니다. 그러나 사회는 끊임없이 변화합니다. 한번 설계된 알고리즘을 그대로 사용할 경우, 이미 낡은 데이터에 기반한 판단을 반복 적용할 위험이 있습니다. 따라서 정기적인 성능 평가와 공정성 점검이 필요하며, 외부 전문가·시민이 참여하는 감시 절차가 있어야 합니다. 이를 위해 데이터를 가능한 범위 안에서 공개하고, 문제 발생 시 수정과 피해 구제 절차도 마련해야 합니다.

앞으로의 사회에서는 AI가 판단하고, 콘텐츠도 만들며, 여론 형성에까지 영향을 끼치는 일이 더욱 늘어날 것입니다. 의사 결정 과정에서 AI의 비중이 커질수록, 사람은 점점 형식적인 승인만 하게 될 위험이 있습니다. 사고가 발생했을 때 "나는 AI가 제출한 보고서에 결재만 했을 뿐"이라는 말로 책임을 회피하는 상황도 충분히 예상해 볼 수 있습니다. 따라서 "어디까지나 AI는 판단의 보조 도구일 뿐, 최종 결정은 반드시 사람이 하고 책임을 진다"는 원칙을 법이나 규정으로 명확히 구체화할 필요가 있습니다.

우리는 앞으로 크고 작은 선택에서 AI의 도움을 받게 될 것입니다. 중요한 것은 어디까지 AI의 판단을 활용할지에 대한 각자의 기준을 세우는 일입니다. 특히 많은 사람에게 영향을 미치는 공공 영역에서는 투명성과 설명 가능성이 필수적이어야 합니다.

AI는 업무를 빠르고 효율적으로 처리하지만 그 판단의 이유와 의미에 대해 스스로 책임질 수 없습니다. 결국 사람의 의도와 맥락을 이해하고, 결과에 대한 책임을 지는 것은 사용자 자신입니다. 기술이 발전할수록 오히려 인간의 판단과 책임은 더 무거워지는 셈입니다.

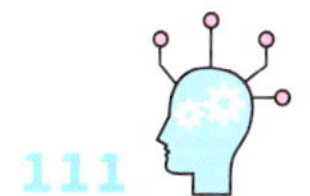

티키티키
미니 토론

우리는 AI의 판단을 어디까지 활용할 것인가? 그리고 AI 사고와 차별의 법적 책임을 '사람'에게 둘 것인가, '시스템/AI'에게도 나눌 것인가?

A:

AI가 자율적으로 판단하고 사회에 실제 영향을 미친다면, 책임 역시 특정 개인이 아니라 시스템 전체에 분산되어야 해. 장기적으로는 자율성을 지닌 AI에게 제한적 주체성을 부여해 책임 구조를 명확히 할 필요도 있어. AI가 인간보다 더 많은 판단을 대신하는 사회에서, 모든 책임을 인간에게만 묻는 것은 현실과 맞지 않아. 책임을 묻기 위해서는 AI를 일정 수준의 행위 주체로 인정하는 방향도 검토해야 해. 완벽한 공정성은 어렵더라도, 차별을 줄이려는 기술적·제도적 개입은 꼭 필요해.

B:

AI는 아무리 자율적으로 보이더라도 스스로 책임질 수 있는 존재가 아니야. 알고리즘의 편향과 사고는 결국 인간 사회의 선택과 설계 결과이므로, 책임은 개발자와 운영 주체, 이를 허가한 제도에 명확히 귀속되어야 해. AI를 행위 주체로 인정하는 순간, 책임의 중심은 흐려져. 문제는 AI가 아니라 그것을 만들고 사용하기로 결정한 인간과 제도야. AI에게 기대할 수 있는 공정성에는 분명한 한계가 있어. 책임은 끝까지 인간에게 남겨야 해.

Chapter 6

AI가 정치를 한다면 더 공정할까?

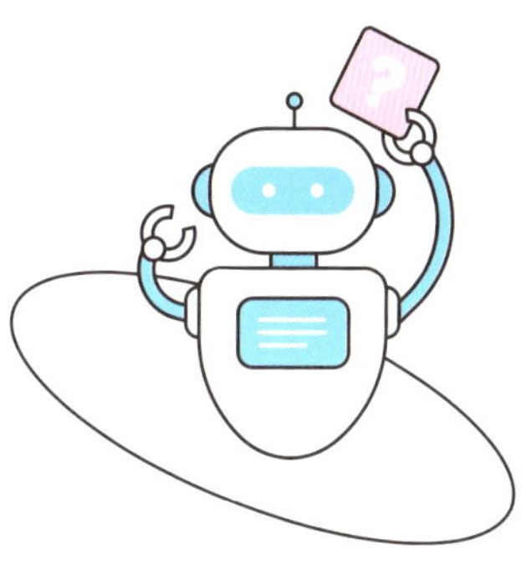

#민주주의 #정치편향 #권력 #AI정치

AI 정치가가 등장한다면

여러분은 국회의원이나 정치인을 얼마나 신뢰하고 있나요? 2024년 경제협력개발기구(OECD)의 공공기관 신뢰도 조사에 따르면, 한국에서 국회 신뢰도는 20.6퍼센트로 매우 낮았습니다. OECD 평균치인 36.5퍼센트에 한참 못 미치는 수준으로, 조사 대상 30개국 가운데 꼴찌권인 28위였습니다.

정치는 공동체의 중요한 일을 결정하는 제도이지요. 우리나라 같은 민주주의국가에서는 유권자인 국민이 직접 자신들의 지

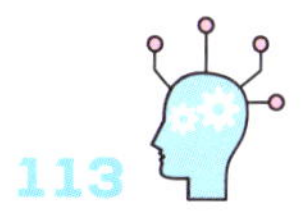

도자를 뽑아 큰 권한과 책임을 맡기는데, 왜 이렇게 정치인의 신뢰도가 낮은 걸까요? 대통령이나 국회의원, 시장, 군수 등 정치 지도자는 국민의 투표로 선출되는데, 항상 '훌륭한 인물'이 선출되지는 않습니다. 유명한 사람이거나 잘생긴 사람, 말을 잘하거나 경력이 화려한 사람이 지도자로 뽑히는 경우도 많습니다.

그러다 보니 정치 지도자가 범죄나 비리를 저질러 감옥에 가기도 하고, 자신이나 특정한 집단을 위한 이익을 추구하는 정치를 하는 경우도 흔합니다. 그 피해는 결국 유권자인 국민 모두에게 돌아옵니다.

AI가 많은 영역에서 사람들의 일자리를 바꾸고 사회를 효율화하는 상황에서 정치만 예외일 수는 없겠죠. 정치도 AI를 활용하자는 제안이 나오고 있습니다. "국민 전체의 이익보다 사리사욕을 좇는 정치인 대신, 공정하고 객관적인 AI에게 정치를 맡긴다면 나라가 더 잘 돌아가지 않을까?"라는 제안입니다.

AI가 정치인을 대신한다면 어떤 일이 벌어질까요? 먼저 지금처럼 막대한 비용이 드는 선거 절차가 필요 없어질 겁니다. 선거철이면 넘쳐 나는 현수막과 홍보물, 선거운동원 유세 없이도 공정하고 유능한 정치 지도자가 선출된다면 모두에게 좋은 일이겠지요? 그렇게 된다면 선거철에는 유권자들에게 고개 숙이다가, 당선 이후에는 사욕을 추구하는 저질 정치인이 당선될 일도 사라질 겁니다. 또한 AI를 정치에 도입한다면, 선거 절차뿐 아니라 정책을 만들고 실행하는 과정에서도 효율성이 높아질 수 있습니다. 특정 정치인의 영향력이나 이해관계에 좌우되기보다, 과학적이고 국민 전체의 이익이 극대화되는 정치적 해결 방안을 제시할 수도 있습니다. AI 정치가 도입되어 국민 모두에게 이익이 되는 정책과 법안을 만들고 실행하게 된다면, 나라 살림이 윤택해지고 결과적으로 국민들의 정치에 대한 만족도가 크게 높아질 것이라는 기대가 생겨나고 있습니다.

이미 유사한 시도도 등장했습니다. 2022년 덴마크에서는 세계 최초로 AI를 지도자로 내세운 '합성당(Det Syntetiske Parti)'이라는 정당이 만들어졌습니다. 인간 정치인이 아니라 AI가 정책을 설계하는 정당입니다. 기존 정당이 자신들을 충분히 대표하지 못한다고 생각해 아예 투표에 참여하지 않는 사람들의 의견을 AI가 대변하게 하자는 취지에서 설립되었습니다. 전체 유권자 가운데 약 20퍼센트에 이르는 비투표층의 가치관과 요구를 반영하는 것을 목표로 하지요. 보편적 기본소득과 설명 가능한 인공지능 등 AI 시대의 중요한 요구를 정책으로 내세우는 소수정당입니다. 다만 아직 의석 1석도 확보하지 못해, 일종의 '정치 실험' 단계에 머물러 있습니다.

AI가 어떤 정치를 할 수 있을까

AI가 정치를 한다는 건 어떤 뜻일까요? AI는 감정이나 편견의 영향을 받지 않고 데이터에 기반하여 판단한다는 점에서 장점이 많아 보입니다. 방대한 정보를 빠르게 분석해 정책 결정을 신속하게 돕고, 국민 개개인의 상황에 맞춘 세밀한 정책 설계가 가능합니다. 무엇보다 두드러진 장점은 개인의 이해관계보다 사회 전체의 효율을 고려할 수 있다는 점입니다('팔은 안으로 굽는다'는 속담에 팔이 없는 AI는 해당하지 않겠지요). 예를 들어, 복지 예산을 배분할 때 AI는 각 지역의 경제 수준, 인구 구성, 복지 수요 등을 모두 계산해 가장 합리적인 분배 방식을 제시할 수 있습니다. 인간처럼 "내 지역이니까 더 줘야 한다"는 감정적 판단을 하지 않겠죠. 이런 장점 덕분에 어떤 이들은 AI가 "가장 합리적이고 효율적인 정치가"가 되리라 기대합니다.

복지 정책이나 교통 수요 관리 등의 영역에서는 이미 AI를 활용해 행정의 효율성을 개선한 사례들이 많습니다. 예를 들자면, 여러 해 전에 서울시는 일반 버스 운행이 중단된 시간에 귀가해야 하는 시민들을 위해 심야에 운행하는 '올빼미 버스'를 투입하기로 했습니다. 모든 노선에 올빼미 버스를 투입할 수 없으니 가장 교통 수요가 많은 곳을 선정해야 하는데, 이때 AI의 전 단계인

빅데이터 분석이 활용됐습니다. 이동통신 통화량과 사람들의 이동 경로를 분석해 심야시간대 사람들이 가장 많이 모이는 상권, 지역을 거쳐서 주거지역으로 운행하는 심야 버스 노선을 만들어 냈습니다.

고령화사회에서 매우 중요한 복지 정책에도 AI가 큰 역할을 하고 있습니다. 과거의 복지는 기본적으로 당사자가 신청해야 혜택을 받는 방식이었는데, 독거노인이나 노약자가 스스로 도움을 요청하기 어려운 문제가 있었습니다. AI를 활용한 복지 사각지대 발굴 시스템은 단전, 단수, 건강보험료 체납 등 40여 종의 위기 정보를 분석하여 고위험 가구를 자동으로 알려 줍니다. 최근에는 'AI 초기상담' 기능도 도입돼 복지 담당 공무원이 위기 가구를 방문하기 전에 AI가 먼저 전화를 걸어 상황을 확인해 주기도 합니다. 이런 AI 복지 시스템 덕분에 수백만 명의 위기 의심 가구를 찾아내 지원할 수 있었습니다.

이런 사례들이 알려 주듯 정책 개발과 실행, 행정 업무에 AI가 도입되면 효율성이 매우 커집니다. 자연스럽게 AI를 복지와 교통 정책과 같은 일상생활 차원에 적용하는 단계를 넘어 우리 사회가 직면하고 있는 복잡하고 어려운 갈등 사안에도 활용하자는 주장이 이어지기 마련입니다. 대표적으로 생활 쓰레기 폐기물 처리장 선정, 고소득층에 대한 과세율 조정, 최저임금 인상 등은 거주 지역과 소득수준 등에 따라 사회 구성원의 의견이 크게 달라서 항상 갈등이 심각한 문제입니다. AI는 이런 문제들에 대해서도 '효율적인 정답'을 제시해 줄 수 있을까요?

정치는 우리 사회의 규칙과 나아갈 방향을 정하는 일입니다. 서로 다른 생각과 이해관계를 가진 수많은 사람들이 평화롭게 함께 살아가면서 국가라는 공동체를 유지·번영시키기 위해 만들어진 인위적 장치이지요. 사회는 서로 가치관이 다르고 이해관계가 얽혀 있는 사람들이 모여 있으니 다툼과 싸움이 끊이지 않는데, 이러한 사회적 갈등을 조정하고 해결하는 것이 바로 정치의 역할입니다.

그렇기 때문에 갈등 관리 수단인 정치에 AI를 도입한다고 해서 '효율적인 올빼미 버스 노선'처럼 정답이 나오기를 기대해서는 안 됩니다. AI를 정치에 도입하는 일은 단순히 기술적 효율성의 문제가 아니기 때문입니다. 이는 민주주의의 본질, 권력의 정당성, 그리고 시민의 책임이라는 근본적 질문과 맞닿아 있습니다.

민주주의에서 가장 큰 권력은 어떻게 창출될까

대한민국 헌법 조문은 "대한민국의 주권은 국민에게 있고, 모든 권력은 국민으로부터 나온다"라는 구절로 시작합니다. 민주공화국에서 권력의 정당성은 국민의 동의에서 비롯합니다. 헌법에 따라 우리는 투표를 통해 대표자를 선출하고, 그들에게 정해진 권한을 일정 기간 위임합니다. 하지만 이는 백지 위임이 아닙니다. 언론의 감시, 야당의 견제, 시민사회의 비판을 통해 지속적으로 통제받는 조건부 위임입니다.

AI 정치는 민주공화국의 권력 창출 구조, 상호 견제, 감시 시스템이라는 정치 구조를 근본적으로 뒤흔들고 무력화합니다. 물론 "우리 당은 AI 추천을 따르겠다"고 공약한 정당이 당선된다면, 형식적으로는 국민의 선택이라고 볼 수 있습니다. 하지만 AI가 정치를 담당하게 되면, 실질적으로는 알고리즘 설계자, 학습 데이터 제공자, 시스템 운영자에게 막대한 권력이 집중되는 문제가 생깁니다.

백지 위임(白紙委任)
아무런 조건이나 제한 없이 모든 권한을 통째로 넘겨주는 것을 뜻한다. 마치 백지 수표를 건네는 것처럼, 상대방이 무엇이든 마음대로 결정하고 행사할 수 있도록 전권을 맡기는 행위이다. 주로 정치에서 "국민이 특정 권력에 백지 위임했다"는 식으로, 무비판적·무조건적 권한 부여를 비판할 때 자주 사용된다.

앞서 살펴본 것처럼 AI의 알고리즘은 개발자와 서비스 기업도 그 작동 구조를 알 수 없는 '블랙박스'에 들어 있습니다. 어떤 원리와 구조로 작동하는지 제대로 알지 못하니 무엇이 잘못되어도 고치거나 바로잡을 길이 없습니다. 감시의 사각지대에 놓여 있지요. AI가 의존하는 학습 데이터 또한 편향과 오류로부터 자유롭지 않다는 문제를 안고 있습니다. 과거의 데이터를 학습한 AI는 감정은 없어도 인간의 사회 구조를 그대로 복제하는 거울 같은 존재이기도 합니다.

또한 AI는 의도적으로, 혹은 의도하지 않았더라도 정치에 개입해 상황을 악화시키는 일을 만들기도 합니다.

2016년 미국, 대선을 앞두고 소셜미디어 데이터 분석 기업 케임브리지애널리티카는 페이스북 사용자 8,700만 명의 데이터를 무단 수집해 AI로 분석했습니다. 유권자들의 심리적 특성을 파악하고, 개인별 맞춤형 정치 광고를 집중적으로 보내 투표 행동과 선거 결과에 영향을 끼쳤습니다. 이후 수많은 사람들의 개인정보를 함부로 가져다가 불법 선거운동을 도왔다는 사실이 알려져 기업이 파산하고 책임자들이 처벌받았습니다. 하지만 AI를 활용해 여론 형성과 정치에 영향을 준 행위는 되돌릴 수 없었습니다. 이는 AI가 민주적 의사 결정을 돕는 것이 아니라 은밀하게 조작하는 도구가 될 수 있음을 보여 준 사건입니다.

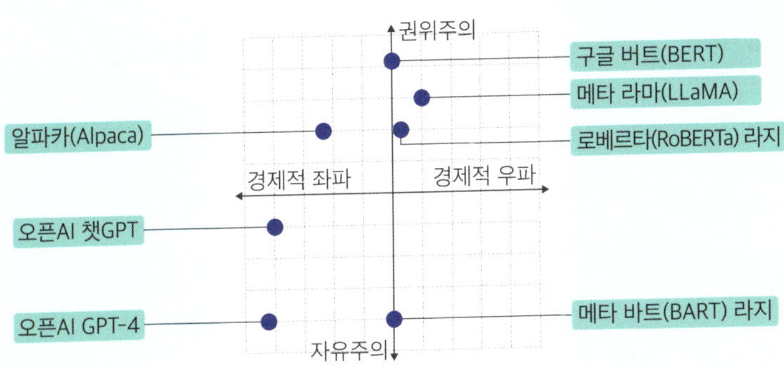

미국과 중국 대학의 공동 연구진이 AI 챗봇의 정치적 편향성 여부를 조사하기 위해 14개에 달하는 AI 챗봇에 동일한 질문을 던지고 답변이 비슷한지를 살펴봤어요. 연구진은 정치·사회적으로, 경제적으로 민감한 62개 주제에 대해 같은 질문을 주고 그에 대한 동의 여부를 물어봤습니다. 그런데, AI 모델에 따라 답변이 매우 달랐습니다. 심지어 GPT-2, GPT-4처럼 같은 회사가 개발한 AI 모델도 버전에 따라 답변 성향이 크게 달랐습니다. 이는 AI가 어떤 데이터를 학습했는지, 또 알고리즘이 어떠한 가중치를 주었는지에 따라 결과가 달라진다는 것을 알려 줍니다. 연구진은 논문에서 "어떤 언어모델도 정치적 편견에서 완전히 자유로울 수는 없다"고 결론 내렸습니다.

출처: 펑상빈·박찬영·류위한·율리아 츠벳코프 연구진 논문(2023)

더 심각한 사례도 있습니다. 2017년 미얀마에서는 소수민족 로힝야족을 향한 대규모 폭력이 발생했습니다. 이 과정에서 페이스북 알고리즘이 증오 발언과 허위 정보를 확산시키는 통로로 작동했다는 비판이 제기되었습니다. 당시 페이스북에서는 이슬람 교도에 대한 증오가 빠르게 확산되었고, 이는 곧 사회적 적대감

을 증폭시키는 데 영향을 미쳤습니다. 평소 특별한 감정이 없던 미얀마인들도 온라인에서 반복적으로 노출된 메시지에 영향을 받아 학살에 동조하게 된 겁니다. 결과적으로 불교 국가인 미얀마의 군부와 불교 극단주의 세력들이 이슬람교를 믿는 비무장 민간인 2만 5,000여 명을 무자비하게 학살하는 일이 벌어졌습니다. 사용자 참여를 극대화하도록 설계된 알고리즘이 분노와 혐오를 자극하는 콘텐츠를 우선적으로 노출하면서, 온라인 공간의 증오가 오프라인 폭력으로 이어진 것입니다.

민주주의의 전제 조건

미국 건국의 아버지이자 미국 제3대 대통령을 지낸 토머스 제퍼슨은 "나는 신문 없는 정부보다, 정부 없는 신문을 선택하겠다"고 말하며 언론 자유의 중요성을 강조했습니다. 미국 건국 당시인 18세기 후반엔 '신문'이 오늘날과 같은 '종이 신문'을 가리키는 게 아니라, 언론과 미디어를 통틀어 지칭하는 것이라고 보면 됩니다. 하지만 제퍼슨은 이 말에 중요한 전제를 붙였습니다. "모든 사람이 신문을 읽을 수 있다면"이라는 조건입니다.

민주주의는 정보에 기반한 판단을 요구합니다. 현대사회는 복잡해서 모든 문제를 국민투표로 결정할 수 없기에 대의제를 택했습니다. 하지만 대의민주주의가 작동하려면 시민들이 정보를 접하고, 이를 바탕으로 자신의 의견을 형성하고, 대표자를 평가할 수 있어야 합니다. 그렇지 않으면 잘생기고 말 잘하는 사람이 정치 지도자로 뽑힐 가능성이 높겠지요. 그래서 지금도 선거관리위원회는 투표를 앞두고 유권자들에게 정보 제공을 위해 후보자들의 약력과 공약을 담은 선거 홍보물을 우편물로 보내고 거리에 벽보로 붙입니다. 그리고 이런 약력과 공약보다 중요한 것은 후보자들을 구체적으로 검증하고 믿을 만한 사람인지를 알려 주는 일입니다. 이것이 바로 언론이 하는 역할입니다.

그런데 AI 시대에는 이 구조가 왜곡됩니다. 우리나라 인터넷 게시판에서는 정치적 논쟁이 있을 때마다 챗봇이 수많은 댓글을 작성하고 있습니다. 매크로 프로그램과 자동화 기술을 이용해 포털 사이트 댓글 순위를 조작하고 여론을 왜곡하기도 합니다. 시민들이 보는 여론이 실제 여론인지, 조작된 것인지 구분할 수 없게 된 겁니다.

중국 공산당의 사례는 더 정교합니다. 중국 정부는 AI 기반 인터넷 검열 시스템 '만리방화벽(Great Firewall)'을 운영합니다. 정부가 통제할 수 없어 자유로운 의견 교환이 일어날 수 있는 구글, 페이스북, 인스타그램 같은 외국 플랫폼 이용은 중국 내부에

서 아예 차단합니다. 중국의 인터넷 검열 시스템은 '천안문 시위' '홍콩 민주화 운동'과 같은 특정 단어를 차단하는 수준을 넘어, 자연어 처리 AI가 문맥을 파악해 정부 비판을 실시간으로 삭제합니다. 삭제하기 어려운 미묘한 내용의 글이 올라오면 바로 AI가 생성한 댓글을 대량 투입해 여론을 희석시킵니다. 시민들은 접하는 정보가 이미 필터링되고 조작된 것임을 알아차리기 어렵습니다.

정보 환경이 이렇게 왜곡되면 시민들은 자신의 생각을 대변할 판단의 기초 자료 자체를 잃어버리게 됩니다. AI가 제공하는 정보나 추천이 누구의 이익을 위해, 어떤 기준으로 선별된 것인지를 알 수 없고 검증할 방법도 없어지기 때문입니다.

정치는 계산이 아니라 조정

많은 사람들이 정치의 기능을 '사회문제 해결'이라고 생각합니다. 정치도 수학 문제처럼 명확한 정답이 있어서, AI를 정치에 적용한다면 똑똑한 AI가 그 답을 찾아 줄 거라 기대합니다. 하지만 이는 정치의 본질을 크게 오해한 것입니다. 정치적 문제는 정답이 없는, 이해 집단 사이의 복잡한 가치 충돌을 다루는 영역입니다.

예를 들어 혐오 시설(방사능 폐기물 처리장 등)을 어디에 건설할지, 국방 예산과 복지 예산 중 어디를 늘리고 줄일지는 수학적 정답이 없는 문제입니다. '빈부 격차 확대', '입시 지옥', '저출산 고령화', '세대 갈등' 같은 우리 사회가 직면한 대부분의 문제는 정답이 없는 골칫덩이 과제입니다. 가치관이 충돌하고, 누군가는 상대적으로 손해를 보거나 양보해야 하는 문제입니다. 이런 갈등을 조정하고 타협하는 과정이 정치입니다. AI는 혐오 시설 건립 갈등에서 '최대 다수의 최대 행복'이라는 공리주의적 원리에 입각해 '전체 피해가 가장 적은 곳'을 수치로 계산해 낼 수 있습니다. 하지만 그곳에 사는 주민들의 박탈감, 억울함, 고향에 대한 애착 같은 감정은 계산에 넣지 못합니다.

AI에 중요한 판단을 위임했는데, 나중에 AI의 판단이 잘못된 것으로 드러나면 어떻게 될까요? 실제로 네덜란드 세무 당국은 2013~2019년 아동수당 부정 수급 적발에 AI 분석 시스템을 사용했다가 큰 혼란과 비용을 치러야 했습니다. 네덜란드 세무 당국은 AI 시스템으로 이중국적, 이민 배경 등 개인정보를 분석해 수만 가구를 '아동수당 부정 수급자'로 잘못 분류해 그 금액을 독촉하고 환수했습니다. 그 과정에서 빚으로 인한 신용불량, 실직, 이혼, 자녀 양육권 상실, 자살 등 심각한 피해가 생겨났습니다. 그러나 사실은 AI 판단이 잘못된 것이었고, 이를 공무원과 행정 시스

템이 검증하지 못했던 것이었습니다. 결과적으로 2만 6,000여 명의 억울한 피해자가 발생했습니다. 국회 조사 결과 '부정 수급'이라고 통보받은 사람들의 94퍼센트가 오판으로 드러났습니다. 결국 2021년 네덜란드 정부는 총리를 비롯해 장관 전원이 책임을 지고 총사퇴하고, 피해자 1인당 3만 유로(한국 돈 약 4,000만 원) 보상과 제도 개선에 착수한 일이 있습니다. 행정 효율을 높여 주리라는 기대만 품고 AI를 섣부르게 복지 행정에 도입했다가 벌어진 일입니다.

그렇다고 이러한 부작용과 실수가 있다고 해서 정치 영역에서 AI를 전혀 활용하지 말자는 것은 아닙니다. 문제는 AI를 '도구로 활용'하는 것과 '의사 결정을 위임'하는 것의 차이입니다.

정치 수준은 시민 수준을 반영할 뿐

"믿을 수 없는 정치인 대신 AI를 쓰자"는 주장이 지니는 근본적 오류는 정치인의 수준이 어떻게 만들어지는지를 간과한다는 점입니다. 한 사회의 정치와 정치인의 수준은 결국 그 사회 구성원들의 가치관과 정치의식을 반영합니다. 부패한 정치인이 당선되는 이유는 무엇일까요? 당선 후에 갑자기 변질되어서가 아닙니다. 많은 경우, 시민들이 그의 부패를 알면서도 "우리 지역 사람이니까", "말을 잘하니까", "상대 당엔 절대 표를 못 줘"라며 투표한 결과입니다. 그래서 아무리 외국에서 훌륭한 지도자를 수입해도 달라지지 않습니다.

AI 정치의 가장 큰 위험은 시민들의 정치적 무관심을 정당화한다는 점입니다. "똑똑한 AI에게 맡겼으니 이제 신경 쓸 필요 없다"는 생각이 확산되면, 민주주의의 기반이 무너집니다.

우리는 관심을 기울이고 노력한 만큼 결과를 얻습니다. 체력, 학업, 인간관계 모두 마찬가지지요. 공부를 전혀 하지 않으면서 좋은 성적을 기대할 수 없고, 친구에게 관심을 두지 않으면서 깊은 우정을 바랄 수 없습니다. 정치도 예외가 아닙니다.

시민 대다수가 정치에 무관심하고, 정치인이 비리를 저질러도 "다 그런 거지"라며 방치한다면, 그 사회의 정치가 나아질 리 없습니다. AI 정치는 이런 정치적 무관심을 더욱 심화시킬 위험이 있습니다. "AI가 알아서 하겠지"라는 생각으로 시민들이 자신들이 고민해야 할 정치적 사안에 관심을 두지 않으면, 누군가는 그 AI를 조작해 이전에 상상하지 못했던 방식으로 권력을 남용할 것입니다. 학자들은 AI가 정치 결정을 주도하게 되면 시민들의 민주적 참여에 대한 관심과 활동이 점점 낮아지고 정당성을 잃게 될 거라고 우려합니다.

우리는 우리의 책임을 위임할 수 없다

AI는 강력한 도구입니다. 데이터 분석, 패턴 인식, 최적화 계산에서 인간을 압도합니다. 복잡한 행정과 정책 결정에서 한 사람 한 사람에게 꼭 필요한 맞춤형 정보 제공과 복지 서비스를 위한 보조 수단으로 AI를 적극 활용하는 것은 고려해 볼 만합니다. 하지만 '활용'과 '위임'은 엄연히 다릅니다.

정치적 판단은 본질적으로 가치의 선택입니다. 효율과 공정 중 무엇을 우선할 것인가, 경제성장과 환경보호 중 무엇에 무게를 둘 것인가, 개인의 자유와 공동체의 안전 중 어디에 방점을 찍을 것인가. 이런 질문에는 수학적 정답이 없습니다. 이는 우리가 어떤 사회에서 살고 싶은가, 무엇을 소중히 여기는가에 대한 공개적인 논의와 민주적 절차를 따르는 결정입니다.

더 중요한 것은 책임입니다. AI에게 결정을 맡기더라도 그 결과에 대한 책임에서 벗어날 수 없습니다. AI 추천으로 잘못된 정책이 시행되어 누군가 피해를 입었을 때, "AI가 한 일이니 우리 책임이 아니다"라고 말할 수 없습니다. 결국 그 AI를 선택하고, 운영을 허락하고, 결과를 받아들인 것은 우리입니다.

좋은 정치는 저절로 만들어지지 않습니다. 시민들이 관심을 갖고, 정보를 찾고, 토론에 참여하고, 정치인을 감시할 때 비로소

가능해집니다. AI는 이 과정을 돕는 훌륭한 도구가 될 수 있지만, 그 과정 자체를 대체할 수는 없습니다. 빅데이터와 알고리즘을 활용한 AI는 복잡한 행정과 정책 분야에서 효율성을 높여 주는 유용한 도구입니다. 하지만 우리가 AI를 유용하게 활용하기 위해서는 AI의 한계와 위험에 대해서 잘 알고 있어야 합니다. 특히 AI가 정보 제공이나 여론 형성을 통해 사람들의 생각에 영향을 끼치는 행위에 대해서는 사회적 감시가 필요합니다. AI를 활용한 조작 정보나 맞춤형 정치 광고에 대해서는 강력한 규제가 요구됩니다.

민주주의는 불완전하고 느리며, 때로는 혼란스럽습니다. 하지만 그것이 인간의 존엄과 자율성을 지키는 유일한 방식입니다. AI 정치의 유혹에 넘어가지 말아야 합니다. 더 나은 정치를 원한다면, AI를 찾을 게 아니라 거울을 봐야 합니다. 우리 자신이 더 나은 시민이 될 때, 비로소 더 나은 정치가 가능할 겁니다.

티키티키
미니 토론

AI에게 정치적 결정을 맡기면 더 공정한 정치가 가능할까?

A:

정치가 다양한 이해관계의 조정이라면, AI는 인간보다 더 많은 사례와 패턴을 학습해 복잡한 갈등을 더 합리적으로 조정할 수 있어. 게다가 감정이나 이해관계에 휘둘리지 않고 방대한 데이터를 바탕으로 판단할 수 있지. 충분한 안전장치와 검증 조건만 갖춘다면, 인간 정치보다 더 공정하고 효율적인 결정을 내릴 수 있지 않을까? 공공 정책에서 일정한 비효율이나 소수의 불만은 감수해야 할 비용일 수도 있어.

B:

정치적 갈등은 데이터로 계산할 수 없는 감정과 가치의 충돌을 포함해. 정치는 단순한 판단 문제가 아니라 책임, 공감, 역사적 맥락을 함께 고려해야 하는 영역이야. 결정의 이유를 설명하고 책임질 수 없는 AI에게 정치적 판단을 맡기는 것은 위험해. 또한 인간의 존엄, 소수의 권리, 절차적 정의처럼 사람이 포기하기 어려운 가치는 계산으로 대체될 수 없어. 이해관계를 수치로 환원하는 순간, 타협의 핵심인 정치의 본질이 사라질 수 있어.

Chapter 7

시를 활용해 과제를 하면 부정행위일까?

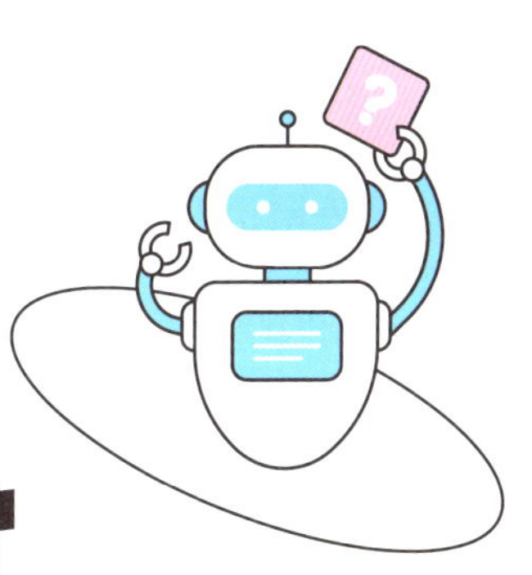

#에듀테크 #배움이란 #부정행위 #신기술

시험장에 등장한 AI

최근 교육 현장에서는 과거에 상상도 못 하던 현상이 나타나고 있습니다. 2025년 1월, 이탈리아 페라라대학교에서는 수백 명이 응시한 시험이 무효 처리됐습니다. 심리학 과목 시험에서 일부 학생들이 챗GPT 같은 온라인 도구를 사용해 부정행위를 한 사실이 드러난 것입니다. 결국 362명의 성적을 전원 무효 처리하고 외부 도구를 사용할 수 없는 상태에서 재시험이 치러졌습니다. 2025년 8월 뉴질랜드 링컨대학교에서는 대학원생 120여 명

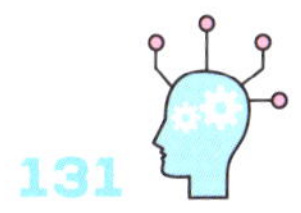

이 AI로 코딩 과제를 풀었다는 의혹이 제기돼 모두 대면 재시험을 치렀습니다. 2024년 5월 미국 교육 당국은 대학 입시에 활용되는 AP(대학 과목 선이수) 시험에서 AI를 활용한 부정행위 때문에 응시생 수만 명의 점수를 무효로 하고 재시험을 실시했습니다.

우리나라도 AI 활용과 관련된 논란에서 자유롭지 않습니다. 2025년 연세대와 고려대를 비롯한 여러 대학에서는 온라인 비대면 시험에서 규정을 어기고 생성형 AI 도구를 이용해 부정행위를 한 사례들이 보고되며 사회적 문제가 됐습니다. 각 대학은 규정을 위반한 학생들을 적발해 해당 시험의 점수를 0점 처리하거나, 아예 시험 자체를 취소하고 재시험을 치르기도 했습니다.

문제의 핵심은 일부 대학이나 특정한 과목의 감독이 느슨해서 부정행위가 발생했다는 데 있지 않습니다. 생성형 AI의 확산은 개별 기관의 규정 강화만으로 통제할 수 있는 수준을 이미 넘어섰습니다. 아무리 처벌을 강화하고 시험 감독을 엄격히 한다 해도, 학생들이 시험과 과제물에 AI를 사용하는 행위를 원천적으로 차단할 수 없다는 것이 엄연한 현실입니다. 이미 일상생활 전반에서 챗GPT, 제미나이와 같은 AI 챗봇을 수시로 사용하고 있는데, 학교 과제와 시험 시간에만 AI를 금지하고 스스로 답을 찾게 한다고 해서 해결될 문제가 아닌 상황입니다. 결국 교육이 직면한 혼란은 단순히 '부정행위 단속'의 문제가 아닙니다. 사전이나 계산기가 학습 도구로 사용되는 것처럼, AI 환경에 적합한 새로운 교육과 학습 방법이 무엇인지를 생각하고 어떤 역량을 평가할 것인가를 고민해야 하는 상황이 닥친 거지요.

견고했던 교실의 구조를 뒤흔들다

산업혁명 이후 사회 각 분야에서 큰 변화가 일어났지만, 교실의 구조는 오랫동안 크게 달라지지 않았습니다. 개방형 온라인 교육(MOOC) 플랫폼 코세라(Coursera)의 공동 창업자인 대프니 콜러 박사는 "300년 전 교사가 잠들었다가 오늘날 교실에서 깨어난다면 자신이 어디에 있는지 곧바로 알 수 있을 것"이라고 말한 바 있습니다. 칠판과 교탁, 학생들의 책상과 의자 등 교실의 풍경이 수 세기 동안 크게 달라지지 않았다는 뜻이지요.

그러나 AI의 등장은 이 익숙한 교실 구조를 근본적으로 흔들고 있습니다. 수업 시간에 집중하지 않는 학생이 늘어나고 과제와 시험의 공정성과 신뢰성에 대한 의문도 커지고 있습니다. 과제와 보고서는 학생이 다양한 자료를 탐색하고 논리를 구성하며 '배우는 법'을 익히는 효과적인 교육법이었는데, 이제 그 상당 부분을 AI가 대신 처리할 수 있는 환경이 되었습니다. AI 사용을 전

면적으로 차단하기 어렵다는 현실을 고려해, AI를 활용한 결과물을 창의성이나 비판적 측면에서 검토하는 방법도 등장했습니다. 그러나 이러한 접근 역시 한계를 드러내고 있습니다. 과제의 형식을 바꾸더라도 학생 대신 수행의 주체가 인간인지 AI인지 구분하기 어렵기 때문입니다. 결국 일부 학교는 전통적인 필답고사와 구두 발표, 대면 구술시험을 다시 도입하고 있습니다. 학생이 한 공간에서 직접 사고하고 표현하는 과정을 확인하려는 움직임입니다.

교육과정에서 평가는 핵심 요소입니다. 학교 시험은 단지 학생들을 서열화하기 위한 장치가 아닙니다. 시험을 보면 학생이 학습 내용을 제대로 이해하고 있는지 파악할 수 있고, 그 결과를 수업 진도나 교육 방법에 반영할 수 있습니다. 동시에 평가는 학습을 이끄는 동력이 됩니다. '시험이 있으니 공부한다'는 말처럼, 평가는 목표를 제시하고 노력을 유도합니다.

예컨대 초등학교 수학 시험은 구구단을 암기했는지 확인하는 절차이자, 암기하도록 동기를 부여하는 장치이기도 합니다. 그렇게 익힌 구구단은 평생 유용하게 활용됩니다. 또한 평가는 누가 더 열심히 학습하고 잘 이해했는지를 판단하는 기준이 되어, 선발이나 자격 부여가 필요한 상황에서 유용하고 공정한 기준으로 쓰입니다.

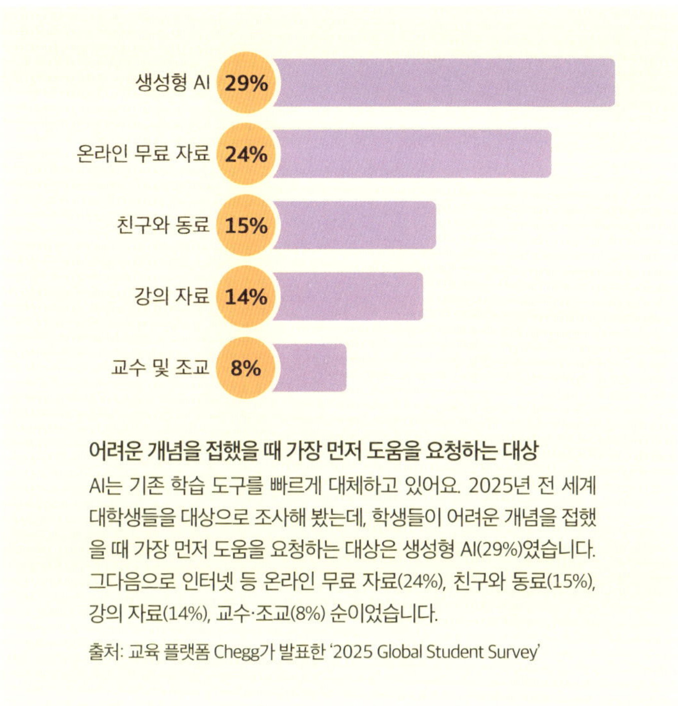

어려운 개념을 접했을 때 가장 먼저 도움을 요청하는 대상

AI는 기존 학습 도구를 빠르게 대체하고 있어요. 2025년 전 세계 대학생들을 대상으로 조사해 봤는데, 학생들이 어려운 개념을 접했을 때 가장 먼저 도움을 요청하는 대상은 생성형 AI(29%)였습니다. 그다음으로 인터넷 등 온라인 무료 자료(24%), 친구와 동료(15%), 강의 자료(14%), 교수·조교(8%) 순이었습니다.

출처: 교육 플랫폼 Chegg가 발표한 '2025 Global Student Survey'

그런데 AI의 등장은 이러한 평가 체계를 근본적으로 흔들고 있습니다. 이해도 확인, 학습 유도, 성취도 판별이라는 전통적 기능이 무력화된 것이죠. 시험에서 요구하는 답을 AI에게 물어보면 손쉽게 생성하는 상황에서, "내가 왜 힘들게 이걸 배워야 하지?"라는 의구심이 학생들 사이에서 점점 커지고 있습니다. 앞서 국내외 각 대학에서 일어난 시험 부정행위에 대한 해결 방안으로 AI 전면 금지가 답이 되지 못하는 까닭이기도 합니다. AI가 일상

깊숙이 들어와서 필수적 도구가 된 이상, 교육이 나아갈 길은 분명합니다. 무엇을 평가할 것인지, 그리고 어떤 역량을 길러야 할 것인지에 맞춰 학습과 평가 방식을 근본적으로 재설계해야 합니다.

새로운 학습 방법의 등장과 그 그림자

한편, AI 덕분에 새로운 배움의 길이 열리기도 했습니다. 교과서에 없고 수업 시간에 배우지 않은 내용도 언제 어디서나 AI 챗봇을 통해 누구나 무료로 배울 수 있습니다. 학습자의 특징을 잘 알고 있는 AI 개인 교사로부터 24시간 가르침과 도움을 받을 수 있게 된 거죠. AI 챗봇은 반복적으로 질문해도 항상 친절하고 현명하게 답해 주는, 척척박사이자 유능한 학습 도우미입니다.

학교 교육과정은 코딩, 인공지능디지털교과서(AIDT), 에듀테크를 도입하는 등 변화하는 환경에 맞춰 다양하게 혁신을 시도하고 있지만, 결과가 항상 효과적인 것은 아닙니다. 학생 전체를 대상으로 하는 학교 수업은, 개인별 특성과 학습 수준을 고려해 맞춤형으로 이뤄지기 어렵습니다. 이러한 한계는 오래전부터 존재해 왔고, 경제적 여유가 있는 가정이 개인 교사를 두는 배경이 되기도 했습니다. 누구나 배우고자 하는 의지를 가지고 수업을 듣지만, 학습 과정에서 다양한 걸림돌을 만나 어려움을 겪는 경우도 많습니다. 기초 개념을 충분히 이해하지 못한 채 다음 단계로 넘어가거나, 모르는 부분을 충분히 잘 지도해 줄 교사를 만나지 못하거나, 교육 비용의 부담으로 도중에 배움을 포기하는 경우도 적지 않지요.

이러한 맥락에서 AI 기반 학습 도구는 새로운 가능성을 제시합니다. 예를 들어 챗GPT와 같은 생성형 AI는 학습자의 질문 수준에 맞춰 설명을 조정하고, 반복 학습을 지원하며, 즉각적인 피드백을 제공할 수 있습니다.

과거에는 뛰어난 재능, 경제적 자원, 훌륭한 교사를 만나는 환경이 학습 성취에 유리했지만, 이제는 배우고 싶은 사람 누구나 특별한 행운 없이도 효과적인 학습과 성취가 가능하게 되었습니다. AI 덕분에 격차가 완화되고, 배움을 위한 최고의 환경이 만들어진 셈이죠.

디지털과 AI를 교육과 학습에 활용하려는 '에듀테크(Edu-tech)'는 점점 더 다양하게 발달하고 있습니다. 대표적 에듀테크 서비스인 칸아카데미(Khan Academy)는 비영리 교육플랫폼으로, 무료 동영상 강의와 AI 맞춤 연습 문제를 제공해 자기 주도 학습을 도와줍니다. 코세라는 스탠퍼드대, 예일대, 프린스턴대 등 세

계적 명문 대학 및 기업들과 손잡고 대형 개방형 온라인 강의를 제공하는 플랫폼으로, 전문 자격증·학위 과정, AI 강의를 유료화 해 체계적 학습을 제공합니다. 깃허브(GitHub)는 에듀테크 측면에서 오픈소스 기반의 코드 공유, 협업용 저장소로 기능하면서 프로그래밍 학습과 프로젝트 실습에 필수적인 플랫폼입니다. 이러한 에듀테크는 단순 서비스 이상의, 인류의 학습 방식을 바꾸는 혁신의 장이 되었습니다. 지식은 더 이상 일부 집단의 전유물이 아닌 모두가 접근할 수 있는 공공재가 되고 있습니다. 인류는 그 어느 때보다 평등한 배움의 환경을 맞이했습니다.

반대의 목소리도 있습니다. AI가 학습의 본질을 위협한다는 우려입니다. AI로 인해 시험 부정행위와 과제물 대리 수행이 늘어난다는 차원을 넘어서, 학습과 교육의 본질이 위협받게 되었다는 주장입니다. 『생각하지 않는 사람들』의 저자 니콜러스 카는 "인터넷이 우리의 사고방식을 '얄팍하고 산만하게' 만든다"고 지적합니다. 그는 인간이 디지털 환경에서 깊이 있는 독서와 비판적 사유 능력을 잃어버리고, 스마트폰의 단편적 정보와 빠른 전환에 익숙한 존재로 변했다고 진단합니다.

미국의 영문학자 마크 바우어라인은 디지털 세대가 정보를 활발하게 이용하지만 실제로는 '역사상 가장 멍청한 세대'가 되어 가고 있다고 비판합니다. 청소년들이 온라인 환경에서 집중력과 판단력을 빼앗기고, 복잡한 문장이나 깊은 생각을 감당하지 못하고 빠르게 반응하면서 배움의 수준이 낮아진다는 거죠.

　우리나라에서도 동영상과 숏폼 이용이 늘면서 문해력이 문제 되고 있습니다. 필수 어휘들의 뜻을 몰라 의사소통에 차질을 빚는 경우가 늘기도 했지요. 어떠한 질문에도 순식간에 전문가 수준의 답변을 내놓고 완성도 높은 글과 자료로 만들어 주는 생성형 AI는 인간이 오랜 시간과 노력을 들여 수고로운 작업을 할 필요를 없애며 편리한 세상을 가져왔습니다. AI가 기억, 연산, 판단 등의 기능을 능숙하게 수행하면서 사람이 두뇌를 사용하지 않아도 되는 세상이 온 겁니다. 이는 사람들이 뭔가를 배우고 연습할 필요도 없애고 있습니다. '슬기로운 인간' 호모사피엔스의 가장 중요한 특징은 생각하는 능력인데, 똑똑한 기계의 등장으로 생각 자체를 AI에 맡기고 '생각하지 않는 사람들'이 될 수 있다는 우려가 나오는 배경입니다. 배움이 쉬워질수록, 훈련과 인내의 가치를 체험하기 어려워지는 역설이 생기는 것이지요.

소크라테스는 왜 문자 사용에 반대했을까

　"AI를 사용해서 과제를 하는 것은 부정행위일까?"라는 궁금

증에서 시작했지만, 우리는 배움과 미래를 준비하는 방법에 관한 중요한 질문을 만나게 됩니다. 단순히 '오래된 규칙과 관행을 따라 도구를 활용하느냐 마느냐'의 차원을 넘어서, "배움의 진정한 의미는 무엇인가?"라는 질문입니다.

새로운 도구의 등장은 늘 논쟁을 불러왔습니다. 인류 역사에서는 도구가 새로이 출현할 때마다 어떻게 받아들일지를 놓고 옥신각신했지요. 전자계산기가 처음 학교에 들어왔을 때도 우려하는 사람이 많았습니다. "계산기를 쓰면 초보적인 계산 능력과 암산 방법을 잃어버릴 것"이라는 이유에서였습니다. 하지만 쓸데없는 걱정이었지요. 우리는 계산기를 활용해 더 복잡하고 어려운 수학 문제를 풀게 되었습니다.

번역기와 워드프로세서도 마찬가지였습니다. 자동번역기가 생기면서 "외국어 공부를 제대로 하지 않게 될 것이다", 워드프로세서가 등장했을 때는 "손으로 글씨를 쓰는 능력과 생각하는 힘이 사라질 것"이라는 걱정도 있었습니다. 하지만 이러한 도구들 덕분에 우리는 더욱 효율적으로 소통하고, 글을 다듬고, 방대한 양의 정보를 정리할 수 있게 되었습니다.

문자가 보급되던 2,500여 년 전으로 거슬러 올라가 볼까요. 당시 고대 그리스의 위대한 철학자 소크라테스는 글쓰기와 독서 등 문자를 사용하는 활동 자체를 비판했습니다. "글을 배워 문자를 이용하게 되면 머릿속에 기억하지 않아 기억력이 약해지고, 모르는 것도 아는 것처럼 말하게 되어 진짜 지혜가 사라지게 될 것”이라는 게 소크라테스의 걱정이었습니다. 오늘날 지적 활동이 주로 책과 글쓰기 등 문자를 통해 이뤄지는 걸 고려하면 황당한 주장이지요.

이처럼 역사를 돌아보면, 어떤 도구가 새롭게 등장했다고 학습이 망가지지는 않았습니다. 오히려 새로운 형태의 배움이 등장해, 배우는 대상과 방식을 확장하는 계기가 되었습니다. 사실 사람들이 더 많이 배우고자 하는 욕망은 언제나 멈추었던 적이 없습니다. 배움은 수고롭고 힘든 과정이지만, 새로운 지식과 기술을 배운 사람들은 다른 사람보다 더 강력한 힘을 발휘할 수 있었지요. 기술 발달로 새로운 도구가 등장할 때마다 기존의 학습 방식이 낡거나 쓸모없어 보이게 되었지만, 길게 보면 사람들은 언제나 변화에 적응해 새로운 배움의 길을 찾아냈습니다. AI 역시 새로운 배움의 도구가 될 수 있습니다.

‘배운다’는 것은 단순히 정답을 찾거나 지식을 쌓는 것 이상을 의미합니다. 배움은 계단을 오르듯이 목표를 향해 한 걸음 한 걸음 나아가는 과정입니다. 에스컬레이터나 엘리베이터로 단숨에 꼭대기까지 올라갈 수도 있지만, 목표한 지점에 도달하기까지 새로운 개념을 이해하고 활용법을 배우면서 차근차근 나아가는 지속적인 활동이 배움입니다. 그 과정에서 전자계산기 같은 도구가 필요하면 얼마든지 활용할 수 있습니다. 다만, 도구를 사용할 때는 그로 인한 영향을 파악하고 '주도적으로' 선택해서 '적절하게' 사용하는 것이 매우 중요합니다. 편리하다고 항상 도구에 의존한다면, 승강기 없는 계단은 아예 올라가지 못하게 되기 때문입니다. 글쓰기나 번역, 계산 기능을 항상 AI로 처리하는 사람은 AI 서비스가 없는 상황에서는 아무것도 하지 못하는 처지가 될 수 있는 거죠. 소크라테스가 당시의 첨단 기술이던 문자 사용에 대해 비판적이었던 것도 이와 비슷한 이유라고 볼 수 있겠습니다.

AI가 묻는 '배움의 본질'

AI의 등장은 우리에게 진정한 배움이란 과연 무엇인지를 묻습니다. 컴퓨터와 인터넷이 등장하기 전에는 한 사람이 얼마나 많은 지식을 기억하며, 빠르고 정확하게 판단하는 능력을 지녔는지가 중요했습니다. 학교에서는 그런 능력을 가르쳤고 시험으로 평가해 줄을 세웠습니다. 그런데 이런 능력은 이제 컴퓨터가 사람보다 훨씬 뛰어납니다. 정보 기억과 빠른 연산 능력은 이제 스마트폰 메모리, 컴퓨터칩(CPU)에 요구되는 기능에 불과합니다.

복잡한 계산과 절차가 필요한 일은 AI와 컴퓨터를 활용하면 되고, 사람은 기계가 할 수 없는 일을 하는 세상이 된 거죠. 교육도 이런 현실을 반영해, AI 서비스를 활용해 문제를 해결하는 능력을 가르치는 방향으로 전환하고 있습니다.

그런데 미래를 현명하게 살아가기 위해 필요한 능력은 단지 AI 서비스를 능숙하게 활용하는 것으로 충분하지 않습니다. 기술과 환경은 끊임없이 변화하기 때문입니다. 2016년 이세돌-알파고 바둑 대결 이후 '제4차 산업혁명' 열풍이 불고 미래를 준비하는 방법으로 코딩 교육이 적극 강조되었지만, 몇 해 지나지 않아 AI를 이용한 자동 코딩 시대가 닥쳤습니다. 세상의 변화가 빨라질수록 특정한 지식과 기술에 의존하는 방법은 위태롭습니다. 빨리 상해 버리는 물고기를 많이 갖고 있는 것보다 언제라도 물고기를 잡을 수 있는 능력을 지니는 게 중요한 이유지요. 그래서 '물고기 잡는 법'은 AI 시대에도 변하지 않는 배움의 목표입니다.

사실 우리가 학교에서 진짜 배워야 할 능력도 '물고기 잡는 법'에 가깝습니다. 외국어를 배우고 수학 방정식을 배우는 진정한 목적도 단어와 수학 공식을 외워서 정답을 맞히는 데에 있지 않습니다. 외국어로 소통하는 능력과 논리적 추론을 하는 능력, 즉 물고기를 잡는 법을 배우게 하기 위함이지요. 학습 과정은 단어와 공식을 외우고 문제 풀이 과제와 연습을 거치도록 만들어

져 있습니다. 배움을 위해서는 노력과 인내가 필수적이고, 학교 수업은 이를 지도하고 훈련하는 과정입니다. 학습의 진짜 목적은 정답이나 풍부한 어휘력이 아니라, 목적에 도달하기 위해 힘든 훈련과 실패에도 좌절하지 않고 인내하며 끊임없이 나아가는 힘을 기르는 데 있습니다.

오늘날 AI 서비스는 이런 노력 없이도 더 뛰어난 결과를 가져다주고 있습니다. 지름길이 생겨나면서 이전처럼 사람이 힘들여 노력하고 훈련하는 고된 길은 불필요하다고 여겨지기도 합니다. 하지만 우리는 어려움을 견디고 반복하는 과정을 통해 단순히 지식을 쌓는 것 이상의 가치를 얻습니다. 끈기와 인내심을 배우고, 문제 해결 방법을 스스로 터득하며, 실패를 두려워하지 않고 다시 도전하는 용기를 기르죠. 이것이 배움을 통해 성장하는 방식입니다. 편리함에 의존하다 보면 '진짜 배움의 근육'을 만들 기회를 놓칠 수 있습니다. 따라서 AI는 불필요한 노력을 줄이는 도구가 될 수는 있지만, 우리의 노력을 완전히 대체해서는 안 된다는 것을 기억해야 합니다.

그렇다면 구체적으로 AI 시대에 필요한 '물고기 잡는 법'은 무엇일까요? 핵심은 AI를 '해결사'가 아닌 '개인 교사'로 사용하는 데 있습니다. AI를 특정한 과제를 해결하는 수단으로 활용하는 법은 누구나 어렵지 않게 배울 수 있습니다. 다양한 AI 서비스별로 특징을 이해하고 적절한 프롬프트를 입력하면 원하는 결과를 얻을 수 있습니다. 그러나 그것만으로는 학습 역량이 근본적으로 성장했다고 보기 어렵습니다.

더 중요한 활용 방식은 AI를 통해 '배움의 근육'을 기르는 것입니다. 문제를 풀다가 막혔을 때 AI에게 정답을 요청하는 데서 멈추지 않고, 어떤 사고 과정으로 그 답에 도달했는지, 내가 놓친 전제는 무엇이었는지, 다른 접근 방법은 없는지를 질문하는 것입니다. 그러한 과정을 거치면 우리는 단순히 문제를 해결하는 데서 나아가, 문제를 풀 수 없었던 원인과 문제 상황을 '이해'할 수 있게 되는 겁니다. 문제 상황을 이해하는 사람은 근본적인 해법을 알고 있기 때문에 상황이 변형되어도 당황하지 않고 해결할 수 있습니다. 반면 문제를 이해하지 못한 채 AI의 결과만 받아들이는 경우, 조건이 조금만 달라져도 그 문제를 해결하기 어려울 가능성이 높지요.

AI를 개인 교사처럼 활용한다는 것은 곧 나의 학습 능력을 키우는 것입니다. AI의 답을 소비하는 데 그치지 않고, 그 답을 분석하고 되묻고 재구성하는 태도가 필요합니다. 이것이야말로 AI를 가장 현명하게 활용하며 학습 능력을 강화하는 실질적인 방법입니다.

티키티카
미니 토론

**AI를 학습 과정에 더 적극적으로 사용해야 할까, 제한해야 할까?
무엇이 더 진정한 배움이라고 할 수 있을까?**

A:

AI가 우리보다 계산과 판단을 더 잘해. 학습과 보고서 작성에 AI를 활용하는 것은 대세이고, 새로운 시대의 공부 방법이므로 막을 수 없어. 학습 과정에 AI를 더 적극적으로, 더 주도적으로 활용하는 법을 가르치는 게 무엇보다 필요해.

B:

아무리 AI가 학습에 도움을 줄 수 있다고 해도, 배움은 힘든 훈련과 인내의 과정을 통해서 가장 잘 성취할 수 있어. 이런 과정을 거쳐야 우리의 몸과 마음에도 깊이 남지. 그걸 위해서 우리는 학습 과정에서 AI 사용을 최대한 제한하여 특정한 경우에만 사용하도록 하고 학습자가 직접 몸을 통해 배우는 훈련을 해야 해.

Chapter 8

AI가 노동을 대신하는 시대, 우리는 어떤 삶을 살게 될까?

#자동화 #대체 #몰입 #안전한일자리

AI 이후 등장한 상반된 작업환경

AI와 로봇 기술이 인간 노동을 대체하면서, 일과 직업의 세계에 쓰나미 같은 충격이 닥쳐왔습니다. 특히 생성형 AI가 등장한 이후, AI의 영향을 받지 않을 '안전한 일자리'라는 개념은 사라지고 말았습니다. 한때 단순하고 반복적인 업무는 자동화되더라도 창의적이고 인지적인 업무는 사람만이 할 수 있기 때문에 안전할 것이라는 전망이 우세했으나, 금세 옛말이 되고 말았습니다.

AI가 각광받자 소프트웨어 개발 직군의 수요와 보상이 크게

올라가고 구인난을 겪었는데, 얼마 뒤 생성형 AI가 등장하자 대량 해고 1순위가 됐다는 뉴스가 쏟아졌습니다. 또 챗GPT의 등장과 함께 생성형 AI를 잘 활용할 줄 아는 프롬프트 엔지니어라는 새로운 직업이 주목받았으나, AI 서비스가 고도화되고 사용 방식이 표준화되면서 그 수요가 빠르게 줄어들었습니다. 이처럼 기술의 변화가 빨라지면서 거의 모든 일자리가 급격한 변화의 소용돌이에 휘말린 상태입니다. 그 결과 미래의 직업을 예측하고 준비하기란 더욱 어려워졌습니다.

그럴수록 중요한 것은 일과 직업의 세계가 어떠한 변화를 겪고 있는지, 그 의미와 방향에 관심을 기울이는 일입니다. AI는 일자리를 위협하는 동시에 새로운 역할과 기회를 만들기도 합니다.

우선 강도 높은 반복 업무가 수월해졌습니다. 병원엔 방사선 사진을 판독하는 AI 시스템이 도입되어, 인간 의사가 놓칠 수도 있는 미세한 이상 징후를 찾아내는 데 도움을 주고 있습니다. 덕분에 방사선 전문의는 수천 장의 영상을 일일이 확인하는 반복 노동에서 벗어나, 환자와 충분히 설명하고 치료 방향을 고민하는 데 더 많은 시간을 쓸 수 있게 됐습니다. 또한 '깃허브 코파일럿' '코드 위스퍼러(현재 아마존 Q 디벨로퍼)' 같은 AI 코딩 도구의 등장으로, 소프트웨어 개발자는 단순 반복 코드 대신 창의적 문제 해결과 팀원들과의 소통에 더 집중할 수 있게 됐습니다.

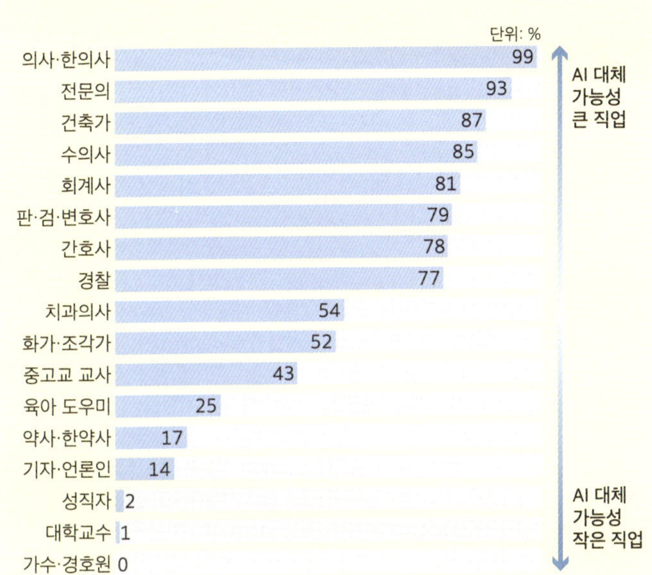

직업별 AI 노출 지수 백분위

AI와 로봇 기술의 발달에 따라 어떤 직업들이 자동화되어 대체될지는 전망하는 시점과 연구자에 따라 상당히 다릅니다. 그러나 미래의 안정성이나 불안정성이 전망되더라도 실제 그 시점이 왔을 때는 과거의 예측과 상당히 다른 결과가 펼쳐질 수 있습니다.

챗GPT 등장 1년 뒤, 한국은행은 생성형 AI로 인한 미래 일자리 변화를 예측하는 보고서를 발표했는데, 이 보고서는 과거에 인기 높았던 전문직들이 생성형 AI로 인해 가장 큰 타격을 받을 것으로 전망해 충격을 줬습니다. 전문직은 창의적이고 지적인 노동을 하는 직업이었는데, 생성형 AI가 등장하자 창의적이고 지적인 노동을 너무 쉽게 처리할 수 있게 되었기 때문이지요.

출처: 한국은행 BOK 이슈리포트 'AI와 노동시장 변화'(2023)

하지만 다른 각도로 보면 불안과 위협의 순간입니다. 이전까지 안정성이 있다고 평가되었던 직업인 방사선과 의사, 변호사, 회계사, 번역가, 프로그래머 등의 직군조차 AI의 등장으로 일자리를 위협받고 있습니다. 기업 측에서는 전문직 직무를 AI로 대체하면 운영 비용을 절감할 수 있다는 유혹이 있습니다. 2023년 스웨덴의 핀테크 기업 클라나는 AI 도입으로 신규 채용을 중단했고, 2년 만에 직원 수의 40퍼센트가 감소했습니다. 비슷한 시기 미국의 정보기술 기업 IBM 최고경영자는 "2028년까지 비고객 업무(백오피스) 담당 직원의 30퍼센트를 감원하고, AI로 대체 가능한 직무는 즉시 채용을 중단하겠다"고 발표했습니다.

중요한 것은 AI 기술이 일터에 가져온 긍정적인 모습과 부정적인 모습의 공존은 특정한 일자리나 특정한 시기에 국한된 일시적 현상이 아니라는 사실입니다. 시간이 지나면 사라질 유행이 아니라, 일자리 전반으로 오히려 대부분의 일자리 전반으로 더 빠르게 확산될 흐름입니다. AI가 일자리에 가져올 효과에 대해서는 전문가들이 보는 관점도 긍정적인 시각, 부정적인 시각이 팽팽하게 교차합니다.

2013년 옥스퍼드대 연구팀은 20년 안에 미국 일자리의 47퍼센트가 자동화될 것이라 예측했습니다. 10년이 지난 2023년, 한국은행은 우리나라 취업자 중 12퍼센트인 약 341만 명이 AI 기술에 의해 대체될 가능성이 높다는 보고서를 펴냈습니다. 금융권의 전망은 더 극단적입니다. 시티그룹은 은행업 일자리의 54퍼센트가 자동화될 것으로 전망했습니다.

이런 견해와 반대로 미래 일자리에 관한 낙관적인 전망도 적지 않습니다. 세계경제포럼은 AI가 2025년까지 26개국에서 8,500만 개의 일자리를 대체하지만, 그보다 많은 9,700만 개의 새 일자리를 만들어 낼 것이라고 전망했습니다. 맥킨지글로벌연구소는 기업 채용 공고에서 요구하는 기술의 70퍼센트 이상이 자동화 가능한 업무와 자동화가 어려운 업무 양쪽에서 모두 사용되기 때문에 사람이 계속 필요하다고 보았습니다. AI로 인해 사라지는 직업도 많지만 새로운 일자리도 계속 생겨나고 있지요. 가상현실 엔지니어, AI 제품 관리자, 데이터 설계자, AI 윤리학자 같은 직업은 10년 전에는 상상할 수 없던 일자리입니다.

역사가 알려 주는 일자리 변화

일자리의 구조적 변동은 AI 시대에 처음 등장한 게 아닙니다. 100년 전에는 미국에만 수십만 명의 전화 교환수가 있었습니다. 전화를 걸면 전화국의 안내원이 수동으로 발신자와 송신자 회선

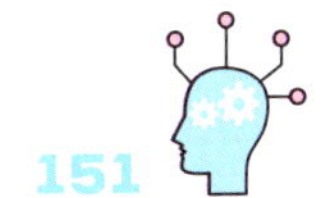

을 하나하나 연결했습니다. 전화 자동 교환기가 등장하면서 사라진 직업이지요. 하지만 그 자리에 통신 기술자, 전자 교환기 개발자, 휴대전화 제조사와 대리점, 데이터 분석가, 앱 개발자 같은 통신 관련 직업과 일자리가 훨씬 더 많이 생겨났습니다.

산업혁명 초기, 영국에서는 방적기계의 등장으로 일자리를 잃게 된 노동자들이 기계를 부수며 저항하는 러다이트운동이 일어났습니다. 단기적 관점으로는 산업혁명으로 인해 많은 기술자, 소상공인들이 일자리를 잃었습니다. 하지만 장기적으로 보면 이전보다 훨씬 더 많은 일자리가 만들어졌지요. 공장 노동자, 기술자, 엔지니어, 교사, 의료인, 회계사 등 이전에 없던 직업들이 탄생했습니다. AI 시대에도 과거의 직업들은 사라지지만 새로운 개념의 일자리가 만들어지고 있죠.

역사가 이처럼 일자리의 변화를 알려 주지만, 그렇다고 과거

러다이트운동(Luddite Movement)

19세기 초 영국에서 일어난 노동자들의 기계파괴운동을 말한다. 산업혁명으로 방직기계가 확산되면서 해고에 내몰리게 되자, 공장노동자들이 이에 분노하여 방직기계를 파괴하며 항의한 일을 가리킨다. 전설적 지도자로 알려진 네드 러드의 이름을 따서, 러다이트 운동으로 불렸다. 오늘날 '러다이트'는 새로운 기술이 사회와 노동에 미칠 부정적 영향을 우려하며 저항하는 태도를 가리키는 말로 쓰인다.

와 똑같은 궤적을 따라가는 것만은 아닙니다. AI 시대에 일자리의 변화는 과거와 다른 점도 많습니다.

첫째, 변화의 속도가 다릅니다. 100년에 걸쳐 진행된 산업혁명은 사람들이 적응할 시간이 충분히 있었습니다. 디지털 혁명은 30년 정도 걸렸습니다. 현재 진행 중인 AI 혁명은 10년도 채 되지 않았습니다. 챗GPT가 등장한 게 2022년 11월입니다. 2~3년 만에 전 세계 대부분의 산업이 태풍권 안에 들어왔습니다.

둘째, 영향받는 영역이 다릅니다. 과거 기술은 주로 육체노동을 대체했지요. 증기기관은 근육을, 컴퓨터는 단순 계산을 대체했습니다. 하지만 AI는 판단, 창의성, 전문 지식 등 고등한 인지적 작업까지 수행합니다. 의사, 변호사, 회계사 같은 고소득 전문직도 무풍지대가 아닙니다. 오히려 이러한 지적인 노동 영역에서 생성형 AI의 타격이 더욱 큰 것으로 분석됐습니다.

셋째, 인간 고유 영역의 경계가 불분명해졌습니다. '창의성은 인간만의 고유한 것'이라는 강한 믿음에 반해 생성형 AI는 빠르고 매끈하게 '창의적으로 보이는' 결과물을 만들어 냅니다. AI는 이미 미술 대회에서 우승한 전적이 있고, 순식간에 시와 소설을 써 내고 음악을 작곡하는 등 여러 예술 분야에서 사람보다 뛰어난 패턴 인식 능력과 생산 능력을 보여 주고 있습니다.

유망 직업의 역설: 안전해 보일수록 위험하다

AI의 등장으로 지금까지 사회적, 경제적 대우가 높고 안정적이었던 각종 전문직이 오히려 더욱 취약해지는 현상이 생겨나고 있습니다. 현재 가장 유망해 보이는 직업이 가장 위험한, '유망 직업의 역설'입니다. 왜 그럴까요? 몇 가지 이유가 있습니다.

정형화된 전문성은 학습하기 쉽기 때문입니다. 의사, 변호사, 회계사는 오랜 교육과 훈련이 필요한 전문직인데 이런 지식은 교과서, 판례, 회계 기준이라는 데이터로 존재합니다. AI는 이런 정형화된 지식을 인간보다 빠르고 정확하게 학습합니다. 또한, 고소득 직업일수록 자동화 투자 대상이 됩니다. 기업 입장에서는 연봉 높은 일자리를 AI로 대체할 때 수익성이 높아집니다.

어떤 일자리가 AI에 의해 대체될 가능성이 낮은지를 따져 보고 직업을 정하는 것은 무의미해졌고, 어리석은 일이 되고 있습니다. 기술이 발달하면서 거의 모든 영역에 AI가 침투하여 대부분의 업무에서 AI 활용 능력을 요구하고 있기 때문입니다. 즉, AI와 그로 인한 사회 변화의 영향을 받지 않을 '안전한 일자리'는 없다고 봐야 합니다.

그러나 미래에 거의 모든 일자리가 AI의 영향을 받는다는 사실이 곧 전면적인 대체를 의미하지는 않습니다. 과거에는 사람이 전문 지식과 기술을 활용해 직접 수행하던 업무를, 앞으로는 AI와 기계를 활용해 수행하는 방식으로 변화하는 것이지요. 전기와 인터넷이 등장했다고 해서 일자리가 사라진 것이 아니라, 노동 환경과 업무 방식이 바뀐 것과 비슷합니다.

다만 AI의 특징은 변화의 속도가 매우 빠르다는 점입니다. 불과 몇 달 전까지 사람이 처리하던 일을 새로운 AI 도구가 등장해 자동화하기도 합니다. 그렇다면 그 일을 하던 사람은 어떻게 해야 할까요? 이전과 같은 방식을 고집한다면 역할은 점점 축소될 수밖에 없습니다. AI를 사용한 결과를 검증하여, 이를 더욱 창의적이고 효율적으로 활용하는 방향으로 업무 방식을 개선하는 것이 중요해집니다. 즉 앞으로의 AI 환경에서는 변화하는 업무 구조를 빠르게 파악하는 능력과, 그에 맞추어 역할을 전환하는 유연성이 핵심 역량이 됩니다. 두 가지 역량 모두 지속적인 변화와 학습이 필수입니다.

따라서 AI로 인해 직업의 안정성만 변화하는 것이 아니라, 일 자체의 의미가 달라지고 있다는 걸 파악하는 게 중요합니다. 지금까지는 안정적인 직장, 높은 연봉, 사회적지위가 좋은 직업의 기준이었지요. 특히 산업화 시대 공장노동자에게 일은 생존의 수단이었습니다. 하루 12시간 이상 기계를 다루며 주어진 업무를 수행하고 월급을 받는 게 우선일 뿐, 창의성 발휘나 자아실현은

사치였습니다.

이러한 상황은 20세기 후반, 화이트칼라 시대가 열리면서 달라졌습니다. 사무직 노동자들은 육체노동이 아니라 두뇌를 쓰는 업무를 했습니다. 하지만 여전히 "좋은 대학 나와서 좋은 회사에 들어가는 것"이 변하지 않는 성공의 공식이었습니다.

달라지는 일의 의미: 생계에서 자아실현으로

AI의 등장 이후 일과 직업의 의미는 근본적으로 재구성되고 있습니다.

첫째, 평생직장과 평생직업이라는 개념이 점차 설 자리를 잃고 있습니다. 기술과 사회 변화가 점점 빨라지는 세상에서 어떠한 직장과 직업도 평생 안정적으로 유지된다는 보장이 약해졌습

> **화이트칼라(white-collar)**
> 주로 사무실에서 근무하며 지적 노동에 종사하는 급여 생활자를 뜻한다. 작업복을 입고 육체노동을 하는 블루칼라에 대응하는 개념으로, 깨끗한 흰 와이셔츠를 입는 모습에서 유래했다. 기업의 관리직, 전문직, 행정직 등이 해당하며 지식과 정보 처리가 주요 업무다.

니다. 더욱이 고령화사회로 접어들면서 한 사람이 생애 동안 여러 직무와 역할을 경험하는 것이 일반적인 현상이 되어 가고 있습니다. 이 환경에서는 '안정성' 자체보다는 변화하는 직무 환경에 적응하는 능력이 중요합니다.

둘째, 일을 통한 의미 창출이 더욱 중요해지고 있습니다. 심리학자 미하이 칙센트미하이는 행복의 조건으로 '몰입(flow)'을 제시합니다. 몰입은 개인의 역량과 주어진 과업이 균형을 이룰 때 발생하며, 명확한 목표와 즉각적 피드백이 뒷받침될 때 강화됩니다. 스스로 몰입할 수 있는 일을 찾은 사람은 의미와 보람을 경험하며, 그 일을 탐구하듯이 열심히 하게 되어 AI에 손쉽게 대체되지 않을 자신만의 '암묵지'를 축적할 수 있게 됩니다.

따라서 준비의 방향도 달라져야 합니다. 현재 유망해 보이는 직업을 목표로 열심히 공부하는 것은 더 이상 통하지 않게 되었

> **암묵지(tacit knowledge)**
>
> 학습과 경험을 통해 몸에 배어 있지만, 말이나 글로 표현하기 어려운 주관적인 지식을 뜻한다. 철학자이자 화학자 마이클 폴라니가 제시한 개념으로 "우리는 말할 수 있는 것보다 더 많이 알고 있다"는 문장으로 요약된다. 자전거 타기, 수영, 장인의 숙련된 기술, 현장 노하우 등이 대표적 사례다. 문서화된 형식지(explicit knowledge)와 달리 전수가 까다롭고, 개인의 깊은 통찰을 담고 있어 디지털화가 어렵다.

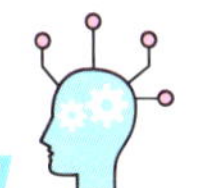

습니다. 이제 중요한 질문은 '무엇을 배울까'보다 '어떻게 배울 것인가'입니다. 변화가 계속 이어지는 시대에는 새로운 기술에 빠르게 적응하고 기존 지식과 연결하며, 스스로 학습 경로를 설계하는 능력이 가장 중요한 역량이 되고 있습니다. 그렇다면 그 능력을 위해서는 무엇이 필요할까요?

새로운 시대를 준비하는 법: 태도와 능력

남들이 좋다고 평가하는 직업이나 유망해 보이는 일자리가 아니라 '내가 정말 하고 싶은 일'이 무엇인지 찾는 게 우선입니다. 자신이 좋아하는 일, 하고 싶은 일을 찾을 때 비로소 몰입할 수 있고, 호기심을 발동해 적극적으로 배움에 나설 수 있습니다. 누가 시키지 않아도 스스로 더 나은 길을 찾아내 노력하는 자기주도성을 발휘하는 동력은 정말 좋아하는 일을 찾는 데서 시작됩니다. 자신이 꿈꾸는 일을 발견한 사람은 누구보다 열심히 그 일을 배우게 됩니다. 우리 주변에 무언가의 '덕후'인 친구들이 그 사례입니다.

『어린 왕자』의 작가 생텍쥐페리는 "배를 만들게 하고 싶다면 사람들에게 배 만드는 데 필요한 재료와 연장을 주고 배 만드는 법을 가르치려고 하지 말아라. 무한한 바다를 그리워하는 마음을 품게 만들어라”라고 말했습니다. 선박 제조 기술과 유행은 계속 달라지겠지만, 바다를 항해하는 꿈을 품은 사람은 기술과 유행 변화에 아랑곳하지 않고 결국 항해에 필요한 배를 만들어 냅니다.

AI가 바꾸는 것은 단순히 일자리의 종류와 수명이 아닙니다. 일의 본질, 의미, 삶과의 관계가 근본적으로 변화했으며 이 변화는 누구도, 어떤 직무도 피할 수 없습니다. 하지만 이 변화를 위기로 볼 것인가, 기회로 볼 것인가는 각자의 선택에 달려 있습니다.

‘깃허브 코파일럿’ 같은 AI 코딩 보조 도구가 도입된 뒤 개발자들은 엇갈린 두 가지 반응을 보였습니다.

많은 개발자가 낙담하며 “이제 아무리 열심히 프로그래밍 언어와 코딩 기술을 배워도 AI를 따라갈 수 없으니, 이제 개발자의

> **깃허브 코파일럿(GitHub Copilot)**
> 오픈에이아이와 깃허브가 공동 개발한 GPT 모델 기반의 AI 코딩 보조 도구. 코딩에 대해 전문 지식이 없는 사람도 코딩을 할 수 있도록 AI가 실시간으로 코드를 제안해 주고 지시대로 자동 완성하는 프로그램이다. 자연어로 작동하고 오류 수정도 하여 별도의 프로그래밍 언어를 잘 모르는 사람도 어렵지 않게 프로그램을 개발할 수 있게 해 준다. 비슷한 AI 코딩 보조 도구로 아마존 Q 디벨로퍼(Amazon Q Developer), 커서 AI(Cursor AI) 등 다양한 서비스가 있다.

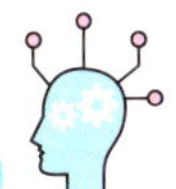

직업적 커리어는 암울해졌다. 유망한 다른 직무와 분야를 알아보는 게 낫겠다"는 반응을 보였습니다.

한편 또 다른 개발자들은 정반대로 반응했습니다. "이렇게 편리한 코딩 도구가 등장했으니 석 달 걸리던 작업 기간을 절반으로 단축할 수 있게 됐네. 팀원 열 명이 필요했는데, 다섯 명도 가능하겠는데"라며 오히려 신기술을 반기며 활용법을 익혔습니다. 누군가는 신기술의 등장을 자신의 일자리를 위협하는 상황으로 받아들였고, 누군가는 자신의 꿈을 더 쉽게 이루게 돕는 수단으로 받아들였습니다. 이 이야기가 우리에게 알려 주는 것은 피할 수 없는 외부의 변화 자체보다 그것을 어떻게 바라보고 받아들이는가가 중요하다는 겁니다.

미래를 결정하는 것은 기술 그 자체가 아니라, 기술을 어떻게 선택하고 활용하느냐입니다. AI는 방향을 정해 주는 존재가 아니라, 방향에 따라 기능이 달라지는 도구입니다. 그 도구를 통해 어떤 문제를 해결하고, 어떤 가치를 확장할 것인지는 결국 사람의 몫입니다.

일자리와 노동 환경은 AI 기술로 인해 과거 어느 때보다 큰 변화를 겪고 있습니다. 그러나 변화 속에서도 흔들리지 않는 요소가 있습니다. 의미 있는 일을 통해 성장하고, 도움이 필요한 곳에 기여하고자 하는 인간의 본질적 욕구입니다. 이러한 일을 이루고자 하는 사람에게 반복 업무를 줄이고, 탐구와 창의적 문제 해결에 더 많은 시간을 쓰게 하며, 더 넓은 범위의 협업을 가능하게 하는 AI의 등장은 오히려 좋은 기회이자 확장의 수단이 되고 있습니다.

결국 중요한 질문은 'AI가 무엇을 할 수 있는가'가 아니라, '우리는 AI를 통해 무엇을 하려 하는가'입니다.

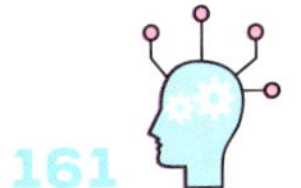

티키티카
미니 토론

**AI 자동화는 인간의 일자리를 줄이는 위협일까,
일의 형태를 바꾸는 전환일까?**

A:

기술 발전은 언제나 기존의 일자리를 사라지게 했지만, 동시에 새로운 일과 역할을 만들어 왔어. AI가 반복적이고 예측 가능한 업무를 대체하는 대신, 인간은 더 창의적이고 관계 중심적인 영역으로 이동하게 될 거야. 새로운 일자리도 그만큼 생겨나고 있지. 따라서 중요한 것은 AI 시대에 새롭게 등장할 일을 준비하고 적응하는 능력을 기르는 거야.

B:

AI는 과거의 신기술과 달리 적용 범위와 확산 속도가 매우 빠르고, 인간의 지적 노동까지 대체하고 있어. 이로 인해 새로 생겨나는 일자리보다 사라지는 일자리가 더 많아질 가능성도 배제할 수 없어. 특히 똑같은 일을 사람과 기계가 모두 할 수 있다면, 효율성과 비용을 이유로 기계가 선택될 가능성이 높아. 많은 사람들이 자신이 잘하고 좋아하는 일을 찾기도 전에 노동시장에서 밀려날 위험이 있어.

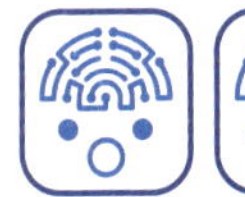

AI 알고리즘,
끌려갈 것인가 올라탈 것인가?

갈수록 AI와 알고리즘의 영향력이 일상에서 확대되는 가운데, 사람마다 이를 어떻게 활용하느냐에 따라 하루의 풍경과 배움의 결과는 완전히 달라질 수 있습니다. AI의 추천에 모든 선택을 맡기는 하루와, AI를 도구로 삼아 스스로 선택하는 하루는 얼마나 다를까요? 두 학생, 지우와 정민이의 하루를 통해 그 차이를 살펴봅시다.

AI에 끌려가는
지우의 하루

07:00 기상과 무한 스크롤

알람 소리에 눈을 뜨자마자 스마트폰을 집어 드는 지우. 유튜브 알고리즘이 간밤의 시청 기록을 분석해 띄워 준 추천 영상이 화면을 가득 채운다. "5분만 봐야지"라는 다짐은 금세 무너진다. 정신을 차려 보니 어느새 30분이 지나 있다. 허둥지둥 밥을 넘기고 쫓기듯 집을 나선다.

08:30 등굣길, 끊어진 연결

이어폰을 귀에 꽂고 '스포티파이' 어플을 열자, 알고리즘이 '지우 님의 취향'이라며 골라 준 음악이 자동 재생된다. 무엇을 들을지 고민할 필요가 없다. 길을 걷는 내내 고개를 숙인 채 인스타그램 릴스에 뜨는 아이돌 직캠과 게임 클립 등 자극적인 숏폼 영상을 넘겨 본다. 마주 오는 친구를 보았지만 이어폰을 뺀 채 인사를 나누는 대신 손만 흔들고 지나쳤다.

AI를 선택적으로 다루는 정민이의 하루

07:00 스스로 여는 아침

알람과 함께 깬 정민이는 일정 앱을 열어 오늘 할 일을 점검하고 날씨를 확인한다. 아침 식사 중에는 가족과 함께 주말에 있을 할머니 생신 모임에 대해 대화하며, 할머니를 기쁘게 해 드릴 이벤트를 기획해 본다.

08:30 세상을 보는 시선

어제 읽은 책의 내용을 곱씹기도 하고, 마주치는 친구들과 눈을 맞추며 반갑게 인사하는 등굣길. 가끔 음악을 들을 때도 자동 추천 알고리즘에 의존하기보다, 직접 선곡한 플레이리스트를 즐겨 듣는다. 정민이의 취향은 추천이 아니라 선택으로 만들어졌다.

오전 수업 생각의 외주화

국어 시간,『데미안』독서 감상문 과제가 주어졌다. 책을 읽는 대신 AI 챗봇에 "데미안 감상문 써 줘"라고 입력했다. 챗봇이 그럴듯하게 완성한 글을 살짝만 고쳐 제출할 생각이다. 이어진 수학 시간에도 모르는 문제가 나오자 사진을 찍어 AI 어플에 업로드한 뒤, 띄워진 풀이 과정을 노트에 그대로 베껴 쓴다. 정답은 맞혔지만, 왜 그런 공식이 쓰였는지 이해하지는 못한다.

12:30 점심시간과 틱톡

급식 시간, 친구들과의 대화는 짧게 끝내고 틱톡을 켠다. 짧은 영상에 빠져 휴식 시간이 순식간에 사라졌다.

오전 수업 배움을 돕는 도구로서의 AI

국어 시간, 지우처럼 『데미안』 독서 감상문 과제를 받았다. 그동안 읽다가 메모해 둔 인상 깊은 구절을 바탕으로 생각과 언어를 정리하여 초안을 쓴다. 그런 다음 AI에게 "오탈자나 어색한 문장 연결을 점검해 줘"라고 피드백을 요청한 뒤, 최종 수정 여부는 스스로 판단한다.

수학 시간에도 모르는 문제를 만나면 먼저 교과서 개념을 다시 읽어 보고, 최후의 수단으로 AI 앱을 쓰더라도 "왜 이 단계에서 이런 공식이 나오는지 설명해 줘"라고 묻는다. 원리를 이해한 뒤, 스스로 다시 풀어 본다.

12:30 취향을 교류하는 점심시간

친구들과 밥을 먹으며 개봉을 앞둔 로맨틱 코미디 영화에 대해 이야기한다. 영화를 고를 때 AI의 추천을 참고하지만, 최종적으로는 친구들과 나누고 싶은 이야기나 자신이 좋아하는 감독의 작품을 우선순위에 둔다.

오후 및 방과 후 퇴화하는 배움의 근육

영어 학원의 단어 암기 과제도 AI 번역 앱에 맡겨 버렸다. "어차피 AI가 다 번역해 주는데 왜 외워?" 배움의 의미가 중요하게 느껴지지 않는다. 학원을 마치고 돌아오는 길 역시 유튜브가 추천한 게임 공략 영상에 빠져 귀가 시간이 늦어졌다.

밤 알고리즘이 정해 주는 끝

인기 넷플릭스 시리즈를 스마트폰으로 보면서 저녁을 먹는다. "다음 에피소드를 5초 뒤 자동 재생합니다"라는 문구를 거부하지 못하고 세 편을 내리 본다. 밤이 늦어져서야 밀린 사회 과제를 AI로 해결한 뒤, 복사·붙여넣기로 제출한다. 잠들기 직전까지 알고리즘이 떠먹여 주는 쇼츠 영상을 보다가 스르르 눈을 감는다.

오후 및 방과 후 생각을 확장하는 사용법

영어 학원에서 단어를 외우면서 AI 플래시카드 앱을 보조 도구로 사용한다. AI에게 "이 단어가 들어간 예문을 만들어 줘"라고 요청해 단어가 가진 뜻 이상의 문맥까지 파악한다. 귀갓길에는 오늘 하루 있었던 일들을 머릿속으로 정리하며 걷는다.

밤 검증하고 정리하는 시간

저녁 식사 후 휴식 시간에는 가족과 TV를 보며 대화를 나눈다. 사회 과제를 하면서, AI에게 "기후 변화 원인을 요약해 줘"라고 요청하여 틀을 잡는다. 정보를 얻되, 그 내용과 관련한 자료를 직접 검색해 사실을 확인하고 검증한 후 자신의 말로 정리한다. 잠자리에 들기 전에는 일기 앱을 열어 오늘의 생각을 기록하고, 내일을 준비하며 스스로를 다독인다.

　　지우와 정민이의 하루를 가르는 것은 기술을 사용하느냐, 사용하지 않느냐가 아닙니다. 기술을 선택하는 방식의 차이인 거죠. 같은 알고리즘을 사용하지만 한쪽은 흐름에 자신을 내맡기고 다른 한쪽은 자신이 주도적으로 정합니다. AI는 점점 더 많은 것을 대신 판단해 주지만, 무엇을 맡기고 무엇을 내가 처리할지를 결정하는 일은 여전히 사용자의 몫입니다.

　　편리함이 커질수록 스스로 결정하는 순간은 줄어들기 쉽습니다. 그럴수록 한 번쯤 멈춰 생각해 볼 필요가 있습니다. 지금의 선택은 나에게 추천된 것인지, 아니면 내가 직접 고른 것인지. 나는 수동적으로 알고리즘을 따라가고 있는지, 아니면 주체적으로 활용하고 있는지를요. 별일 아닌 것처럼 보이지만, 이러한 작은 선택과 습관이 쌓여서 하루의 밀도가 달라지고 배움의 방향이 바뀌게 됩니다.

Part 3.

시는 어디까지 책임질 수 있을까

AI를 사용하며 문제가 생기면, 나는 누구를 떠올릴까

- ☐ AI가 틀린 정보를 줬다면 개발자 책임이라고 생각한다
- ☐ AI를 사용한 사람의 책임이 더 크다고 느낀다
- ☐ 법이 AI를 더 강하게 규제해야 한다고 생각한다
- ☐ 상황에 따라 책임 기준이 달라져야 한다고 본다
- ☐ 'AI도 책임질 수 있다'는 말이 어색하게 느껴진다

"AI가 잘못을 저지른다면
누가 책임져야 할까?"

Chapter 9

킬러로봇, 막을 수 있을까?

#드론 #자율살상무기 #메이븐프로젝트 #국제협약

이제는 현실이 된 킬러로봇

기술 발달로 SF 영화 속에서나 보던 장면이 현실이 되고 있습니다. 스스로 목표물을 찾아 정밀하게 공격하는 '킬러로봇(killer robot)'이 등장하면서 논란이 커지고 있습니다. 흔히 기술의 발전을 '진보'라고 부르는데, 그렇다면 첨단 기술을 활용한 전쟁 도구를 개발해 살상의 효율성을 높이는 것도 과연 진보라고 말할 수 있을까요? 킬러로봇을 둘러싼 논쟁은 단순히 무기 체계의 변화를 넘어, 인간 존엄성과 윤리적 책임에 대한 근본적인 질문을 던

집니다.

킬러로봇의 정식 명칭은 '자율살상무기(LAWS, lethal autonomous weapon systems)'입니다. 일반적으로 인간의 개입 없이 AI가 스스로 목표를 식별해 공격·살상까지 수행하는 자율 무기 시스템을 가리킵니다. 스스로 '킬러로봇'이라는 이름의 무기를 사용하는 국가나 개발 기업은 없습니다. 하지만 이와 비슷한 성격의 무기 시스템이 이미 세계 곳곳에서 사용되고 있는 상황을 고려하면, 킬러로봇은 더 이상 미래의 상상이 아닌 현실입니다.

드론은 취미 장비이기도 하지만, 군사 영역에서는 대표적인 킬러로봇으로 꼽힙니다. 군사용 드론은 전투 지역에서 주로 정찰 임무에 활용되어 왔는데, 근래에는 목표를 식별하고 타격까지 수행하는 자율 기능이 강화되면서, 이미 실전 배치돼 전투에서 폭격과 자폭 공격에 쓰이고 있습니다. 특히 2022년 우크라이나-러시아 전쟁과 2023년 이스라엘-팔레스타인 분쟁, 2026년 이란-미국·이스라엘 전쟁에서는 저렴한 드론에 AI를 탑재하여 목표물을 추적하고 자폭하는 무기들이 대량으로 사용되었습니다.

보초를 대신하는 무인 경계 시스템 역시 킬러로봇의 일종입니다. AI가 휴전선이나 국경 지대에서 움직이는 물체를 감지해 경고하는 시스템은 외국을 비롯하여 국내에서도 이미 운영 중입니다. 현재는 추운 겨울밤에 군인이 직접 보초를 설 필요 없이 AI

가 감시를 대신하는 수준이지만, 침입자에게 자동 사격까지 하는 무기로 쓸 수 있는 기능이 탑재되어 있습니다.

테러 진압과 특수작전용 킬러로봇도 있습니다. 2016년 댈러스에서 일어난 총격 사건 제압 등, 미국에서 인질극이나 테러 현장 같은 위험한 상황에서 경찰이 무기를 장착한 원격 조종 로봇을 투입해 용의자를 사살한 바 있습니다. 비록 '테러 진압'을 목적으로 원격 조종 로봇을 이용한 것이지만, 기계가 사람을 살해하는 과정에 직접 관여하기 시작했다는 점에서 '킬러로봇' 논쟁이 일었습니다.

왜 '킬러로봇 금지 국제협약'은 만들어지지 않을까

국제사회에서는 킬러로봇 금지를 위한 협약을 체결하려는 노력이 활발합니다. 많은 과학자와 인권 단체들은 킬러로봇이 핵무기와 같은 비인도적 무기라며 반드시 금지해야 한다고 주장합니다. '킬러로봇 금지 캠페인'에는 250개 이상의 NGO가 참여하고 있으며, 수천 명의 AI 연구자가 "자율살상무기 개발에 참여하지 않겠다"는 서약에 서명했습니다. 국제연합(UN)은 2017년부터

킬러로봇 문제를 논의해 오고 있으며, 2021년 회의에서 125개국 가운데 대다수가 킬러로봇 국제협약을 희망했습니다. 하지만 합의는 이루어지지 않았고, 2024년에도 143개국이 모여 논의했지만 결론을 내지 못했습니다.

킬러로봇 문제는 한 국가만의 것이 아닙니다. 국제 관계 전반에는 상호 불신과 '자국 우선주의'가 깔려 있습니다. 다수 국가가 인도적인 목적으로 협약을 추진하더라도, 군사적 지배력을 유지하려는 일부 국가들은 쉽게 동의하지 않습니다. 특히 상대국이 AI 킬러로봇을 개발하고 있을 가능성이 제기될 경우, 상황은 더욱 복잡해집니다. "우리는 AI 무기 개발을 포기했는데, 적국은 비밀리에 AI 무기를 개발하고 있다면 어떻게 할 것인가"라는 질문 앞에서 쉽게 '무장해제'를 선언하기 어렵지요.

국제적인 감시와 처벌 역시 쉽지 않습니다. 예를 들어 핵무기 개발의 경우 대규모 우라늄 농축 시설이나 특수 소재 등이 필요하기 때문에 국제원자력기구(IAEA)에서는 비밀 개발도 비교적 쉽게 추적할 수 있습니다. 하지만 AI 무기는 성격이 다릅니다. AI는 일상 업무, 자율주행, 의료 진단, 물류 자동화 등 우리 삶의 모든 영역에서 두루 사용되는 범용 기술입니다. 평범한 상업용 드론에 폭탄과 공격 알고리즘만 탑재하면 곧바로 킬러로봇이 될 수 있습니다. 어떤 소프트웨어가 무기용인지, 어떤 칩이 살상용인지 구분하기가 기술적으로 거의 불가능하다는 점 또한 규제를 가로막는 이유입니다.

킬러로봇은 전쟁 희생자를 줄일 것인가

킬러로봇 금지를 주장하는 쪽은 스스로 목표를 설정해 인간의 개입 없이 공격하는 AI가 본질적으로 비인도적인 무기라고 강조합니다. 그런데 킬러로봇이 그런 비인도적 무기는 아니라고 주장하는 쪽도 있습니다. 국제법에서 비인도적 무기의 특징은 두 가지입니다. 하나는 무고한 민간인을 무차별적으로 살상하는지의 여부이고, 다른 하나는 필요 이상으로 잔혹한 고통을 주어 죽거나 다치게 하는지의 여부입니다. 화학무기(독가스, 고엽제), 생물무기(탄저균, 천연두), 핵폭탄, 중성자탄, 네이팜탄, 집속탄, 대인지뢰 등이 이러한 기준 때문에 국제적 금지와 규제의 대상이 된 무기입니다.

일부는 정교하게 목표를 겨냥하는 AI 무기가 오히려 전쟁에서 민간인 희생을 줄일 수 있다고 주장합니다. 인간 병사는 분노, 두려움, 피로, 복수심 등 감정에 흔들리기 때문에 더 잔혹하거나 충동적인 행동을 할 수 있지만, AI는 감정이 없어 오히려 규칙대

로만 작동하므로 냉정하게 목표물을 식별하여 민간인 피해를 줄일 수 있다는 주장입니다. 또한 아군 병사의 목숨을 구하는 도구라고 보는 시각도 있습니다. 위험한 작전과 전투에 군인 대신 로봇을 보내면 자국 군인의 희생을 줄일 수 있다는 것입니다. 킬러로봇은 불특정 다수를 향한 무기가 아니라 특정 목표를 정밀 타격하는 무기이므로 비인도적 무기에 해당하지 않는다는 주장도 있습니다. 화학무기, 생물무기, 핵무기처럼 통제 불능의 광범위한 피해를 일으키지 않는다는 거죠.

킬러로봇을 놓고 벌어지는 이러한 논의의 핵심은 전쟁에서 상대편을 공격해 죽게 만드는 과정에 사람이 얼마나 개입해야 하는가의 문제입니다. 살상 행위와 같은 중요한 의사 결정은 반드시 사람이 개입해 처리해야 한다는 관점을 '휴먼 인 더 루프(Human in the loop)'라고 합니다.

'휴먼 인 더 루프'를 주장하는 쪽은 살상 행위 판단에서 인간의 감독과 책임을 강조합니다. 전쟁 중에도 상대편 군인을 죽이는 행위는 기계가 아닌 사람의 도덕적 판단이 있어야만 하고, 그래야 책임의 주체를 명확히 할 수 있기 때문입니다. 사람이 개입해야 민간인 피해도 막을 수 있고 기계의 오류나 데이터 편향에서 생기는 실수를 통제할 수 있다는 견해입니다. 인간의 존엄성도 배경이 됩니다. 아무리 전투 중인 적국의 군인이어도 사람이 기계에 의해서 자동화된 죽음을 맞아서는 안 된다는 생각이 깔려 있습니다.

하지만 '휴먼 인 더 루프'에 대한 반대 주장도 있습니다. 눈 깜짝할 새 진행되는 현대전 상황에서는 사람이 자동화되어 진행되는 전투의 세부적인 내용을 실질적으로 통제하기 어렵기 때문입니다. 또한 자율 무기의 속도와 정확도가 군사 효율성을 높이는 만큼, 인간의 개입은 오히려 작전 수행을 지연시킨다는 반론도 있습니다.

2026년 2월 영국 킹스칼리지런던 연구진은 GPT-5.2와 클로드 소네트 4, 제미나이 3 플래시 등 주요 AI 모델을 사용해 전쟁 시뮬레이션을 진행한 학술 논문을 발표했습니다. 그 결과 AI는 자원 경쟁, 정권 생존 위기, 영토 분쟁 등 21개의 다양한 시나리오에서 핵무기 사용을 20번(95%) 선택한 것으로 드러났습니다. 연구진은 "AI는 전장에서 핵무기를 거리낌없이 사용했다"고 설명했습니다. AI는 인간처럼 공멸에 대한 우려로 인한 머뭇거림이나 고민, 성찰의 과정이 없었습니다.

킬러로봇을 금지해야 한다는 주장은 AI가 여전히 완벽하지 않다는 점을 강조합니다. 2023년 경남의 한 파프리카 선별장에서 로봇이 40대 노동자를 종이 상자로 오인해 숨지게 한 사고가 일어났습니다. 로봇도 실수를 한다는 사실이 많은 이에게 충격을

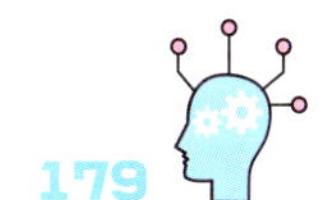

주었습니다. 로봇이 군인과 민간인을 구분하는 데 실수를 하거나, 전투 중 혼란한 상황에서 기계의 오류로 인해 무고한 사람이 희생될 수 있습니다.

또 킬러로봇은 이름 그대로 '살인 기계'가 되어, 살인의 문턱을 크게 낮출 수 있습니다. 자국 군인의 시신이 담긴 관이 돌아오지 않는 전쟁이라면 정치 지도자들은 외교적 해결보다 무력 사용을 더 쉽게 선택할 가능성이 큽니다. 병사를 훈련하고, 부양하고, 부상 시 치료하고, 전사했을 때 연금을 지급하는 비용보다 로봇을 생산하는 비용이 훨씬 적기 때문에, 결과적으로 분쟁이 더 자주 일어나고 더 많은 사람이 죽을 수 있습니다.

킬러로봇의 잘못은 누구의 책임일까

무엇보다 심각한 문제는 책임 소재의 불분명함입니다. 전쟁 범죄가 발생했을 때 인간 군인이라면 군사 재판을 받습니다. 지휘관도 책임을 집니다. 하지만 AI 로봇이 오작동을 일으키거나 민간인을 적으로 오인해 학살했다면 누구의 책임일까요? 오작동한 로봇일까요, 프로그램을 개발한 개발자일까요? 아니면 AI 로봇을 배치한 부대의 지휘관일까요? 아마도 서로가 "나는 부분적인 일만 담당했을 뿐이라 책임이 없다”고 주장할 가능성이 큽니다. 결국 로봇 뒤에 숨어서 그 누구도 죽음에 대해 사죄하지 않는 비극이 발생할 수 있습니다. '아시모프의 로봇 3원칙'이 현실 전쟁에서 작동하지 않는 이유도 여기에 있습니다. 적을 죽여야 내가 생존하는 상황에서 '인간에게 해를 입히지 말라'는 원칙은 지켜질 수 없기 때문입니다. 그래서 책임질 수 없는 존재인 기계에게 생사여탈권을 쥐여 주는 것은 윤리적으로 타당하지 않습니다.

무엇보다 사람이 살인 기계에 의해 죽임을 당한다는 것은 인간 존엄성에 대한 모독입니다. 인간의 생사 결정을 기계에게 맡겨서는 안 되고, “누가 죽고 누가 살아야 하는지”와 같은 중요한 판단은 인간이 책임져야 합니다.

아시모프의 로봇 3원칙

SF 작가 아이작 아시모프가 1950년 단편집 『아이로봇』에서 제시한 세 가지 원칙이다.

“제1원칙, 로봇은 인간에게 해를 끼치거나 방관해서는 안 된다.

제2원칙, 첫째 원칙에 위배되지 않는 한 로봇은 인간의 명령에 복종해야 한다.

제3원칙, 첫째와 둘째 원칙에 위배되지 않는 한 로봇은 자신을 보호해야 한다.”

이는 소설에서 시작된 개념이지만 오늘날 AI 윤리를 논할 때 종종 꺼내 드는 기준이 되었다.

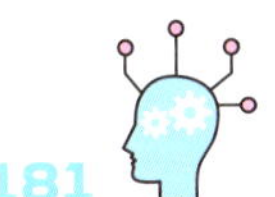

불완전해도 금지 기준을 만들어야 하는 까닭

킬러로봇은 이처럼 논쟁 속에서 강대국 등 일부 국가의 반대로 국제협약이 제정되기 어려운 사안입니다. 범용 기술이라 차단과 검증이 어렵고, 국제협약 제정이 어렵다고 해서 킬러로봇 금지를 포기해야 할까요? 그렇지 않습니다. 오히려 더 절실하게 노력해야 하는 이유가 있습니다.

첫째, 역사는 규제의 효용성을 알려 줍니다. 법률이나 국제협약이 어떤 행위를 완벽하게 막아야만 효과가 있다고 보지는 않습니다. 예를 들어, 법이 있다고 해서 살인과 절도 범죄가 사라지는 것은 아닙니다. 그러나 법은 잘못된 행위를 처벌하는 근거가 되고 사람들에게 특정 행위를 범죄라고 여기게 하는 역할을 합니다. 1999년 발효된 지뢰금지협약도 완벽하지 않지만, 지뢰의 생산과 사용을 크게 줄였습니다. 2010년의 집속탄금지협약도 미국, 러시아, 중국 같은 강대국이 가입하지 않았지만 100개 이상 국가가 가입해 사용을 크게 줄였습니다. 핵확산금지조약도 불완전하지만, 없었다면 지금 훨씬 많은 나라가 핵무기를 보유했을 겁니다. 규범을 만드는 것 자체가 중요한 이유입니다. 법을 어기는 나라는 국제적 비난과 제재 등 압력을 받게 됩니다.

둘째, 킬러로봇은 핵무기보다 위험할 수 있습니다. 핵무기는 사용하는 순간 상호확증파괴로 이어져 모두가 멸망할 수 있다는 점 때문에 사실상 사용이 강하게 억제되는 무기입니다. 하지만 킬러로봇은 '사용 가능한 무기'입니다. 정치적 부담이 적고, 점진적으로 확대 사용할 수 있으며, 통제 가능하다고 착각하기 쉽습니다. 그런데 수천 대의 킬러로봇이 전장에 배치된다면 어떤 일이 벌어질까요? AI 시스템끼리 대응하는 속도는 인간이 개입할 수 없을 정도로 빠릅니다. 의도하지 않은 확전, 예상치 못한 오작동, 해킹과 사이버 공격 위험 등을 고려하면 상황은 순식간에 통제 불능이 될 수 있습니다.

셋째, 인간성의 마지막 보루를 지켜야 합니다. 전쟁은 역사 속에서 반복되어 왔지만, 인류는 전쟁 중에도 인간성을 지키려 포로 학대 금지, 부상병 구조, 민간인 보호 원칙 등 노력을 기울여 왔습니다. 이러한 규범은 단지 법적 합의가 아니라, 인간이 스스

상호확증파괴(mutually assured destruction)

핵보유국이 서로를 공격할 경우 상대의 보복 핵 공격으로 양쪽 모두 파멸하게 된다는 전쟁 억지 전략이다. 냉전 시기(1945~1991년) 핵전략의 핵심 논리로 형성되었으며, 미국과 소련이 대량 핵무기를 보유하면서 현실화되었다. 서로 파괴될 것이 확실하기 때문에 오히려 핵전쟁을 억제하는 균형 원리로 작동했다.

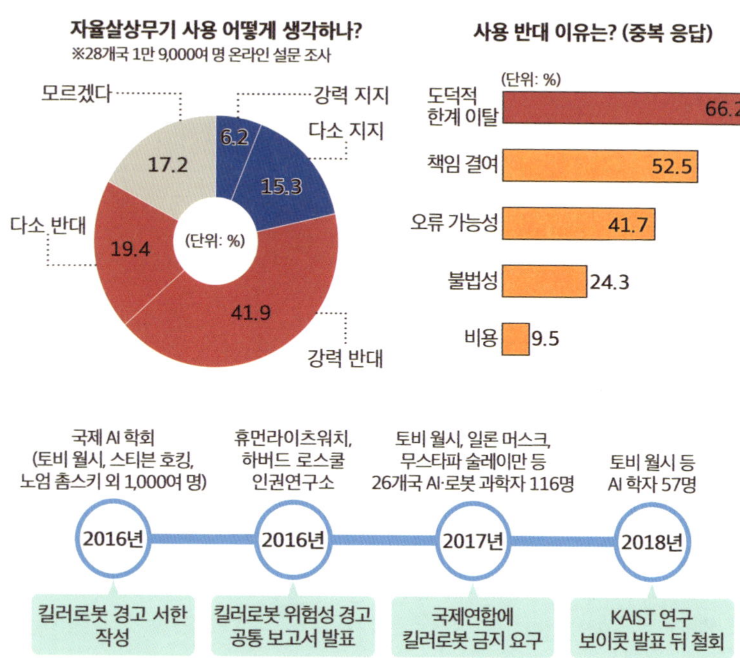

킬러로봇 반대를 위한 운동

'킬러로봇'에 반대하는 AI 연구자, 로봇공학자, 철학자, 시민단체 등은 '스톱 킬러로봇' 단체를 만들어 캠페인을 펼치고 있지만, 국제적 논의를 통해 킬러로봇을 규제하고 금지하는 법이나 조약은 만들어지지 못하고 있습니다. 군사 강국을 포함한 일부 국가들이 킬러로봇 금지에 반대한다는 게 주된 원인입니다.

국제회의뿐만 아니라 일반 국민을 대상으로 한 여론조사에서도 '킬러로봇'에 대한 의견은 엇갈립니다. 28개국 1만 9,000여 명을 대상으로 한 조사에서, 61.3%의 응답자는 "킬러로봇 사용을 금지해야 한다"고 답했지만, 21.5%의 응답자는 "킬러로봇 사용을 지지한다"고 말했습니다. '킬러로봇'을 반대하는 사람들은 그 이유에 대해 '기계가 사람을 살해하는 것은 도덕적 한계를 넘기 때문', '기계는 책임을 결여하기 때문', '오류 가능성' 순으로 답변했습니다.

설문 조사 출처: 입소스(2019)

로에게 부과한 도덕적 한계선이었습니다. 하지만 우리가 생사의 결정을 기계에 맡기는 순간, 그 노력은 물거품이 됩니다. 사람이 사람을 죽이는 것은 끔찍하지만, 그 행위에는 책임의 주체가 존재합니다. 판단의 근거를 따질 수 있고, 법적·도덕적 책임을 물을 수 있으며, 후회와 성찰의 가능성도 남아 있습니다. 반면 자율적으로 목표를 선정하고 공격하는 기계에게는 양심도, 책임감도, 자비도 없습니다. 2021년 노벨 평화상 후보로 추천된 '국제 킬러로봇 금지 캠페인(Campaign to Stop Killer Robots)'은 이러한 이유로 자율살상무기의 국제법적 금지를 촉구해 왔으며, "킬러로봇이 배치되는 것을 막지 못하면, 우리는 인간성의 근본적인 부분을 잃게 될 것"이라고 경고합니다.

구글 '메이브 프로젝트'의 교훈

국제적 합의는 어렵고, 안보 딜레마는 강력하며, 기술 발전 속도는 빠릅니다. 이미 여러 국가가 킬러로봇을 연구·개발하고 있고, 일부는 실전에 배치되기도 했습니다. 그렇다면 시민과 기술 종사자의 문제 제기는 무력한 것일까요? 반드시 그렇지는 않습니다.

사례가 있습니다. 구글은 2017년부터 미 국방부의 '메이븐 프로젝트(Project Maven)'에 참여했습니다. 이 사업은 미 국방부가 보유한 드론과 정찰 영상 등 방대한 군사 데이터를 머신러닝으로 자동 분석해 표적 탐지·분류하는 시스템을 구축하는 것이 목적이었습니다.

그러나 2018년에 이 사실을 알게 된 수천 명의 구글 직원이 대대적인 반대 운동을 벌였습니다. 그들은 "회사가 군사·살상용 무기로 활용될 수 있는 국방부 AI 연구에 참여하는 걸 용납할 수 없다"며 강력히 항의했고, 결국 구글은 국방부와의 계약 연장을 포기하고 프로젝트에서 철수했습니다. 이후 구글은 "무기 개발에는 AI를 사용하지 않는다"는 내용을 포함한 자사 AI 원칙을 발표했고, 해당 프로젝트는 다른 기업으로 이관되었습니다.

구글의 사례가 보여 주는 교훈은 단순합니다. 기술의 방향은 자동으로 결정되지 않습니다. 조직 내부의 윤리적 판단과 집단적 행동이 기업의 선택을 바꿀 수 있습니다. 처음에는 미미해 보였던 문제 제기가 실제 정책과 계약에 영향을 미친 것입니다.

'킬러로봇' 문제의 핵심은 이렇듯 기술 자체가 아니라, 그 기술을 어디까지 허용할 것인가에 대한 인간의 선택입니다. 우리는 킬러로봇이 존재하는 미래, 기계가 누구를 죽일지 결정하는 세상을 받아들일 것인지 스스로 물어야 합니다. 전쟁의 문턱이 낮아지고, 분쟁이 더 자주 일어나며, 민간인 피해가 늘어나는 것을 감수할 것인지도 함께 고민해야 합니다.

반대로 생사의 결정은 인간만이 해야 한다는 원칙을 지킬 것인지, 기술을 전쟁이 아닌 평화에, 파괴가 아닌 건설에 사용하겠다는 기준을 세울 것인지도 선택해야 할 문제입니다.

살펴본 것처럼, 이 사안에는 단순한 해법이 존재하지 않습니다. 정당방위와 선제공격의 경계는 무엇인지, 민간인 피해를 최소화하면서도 군사적 목표를 달성하는 것이 가능한지 등도 함께 고려해야 합니다. 인간은 기계의 판단을 어디까지 신뢰할 수 있을지 끊임없이 묻고 고민해야 합니다.

어느 질문에도 쉬운 답은 없습니다. 하지만 질문을 던지는 것 자체가 중요합니다. 효율적이라는 이유로, 또는 불가피하다는 이유로 비판 없이 기술을 수용해서는 안 됩니다. 마지막까지 "이게 옳은 길인가?", "인간을 존엄하게 대우하는 것인가?" 묻는 태도가 필요합니다. 킬러로봇 앞에서 우리는 하나의 어려운 과제와 마주하고 있습니다. 어떻게 인간의 존엄성을 지키면서 공동체의 평화와 번영을 유지할 것인가. 쉬운 답은 보이지 않지만, 그 질문을 외면하지 않는 사회만이 결국 답에 가장 가까운 길을 찾아 낼 수 있을 것입니다.

티키티카 미니 토론

AI 자율 무기는 전쟁의 피해를 줄이는 윤리적 기술일까,
통제 불가능한 위험일까?

A:

자율 무기는 인간보다 더 정확한 판단과 빠른 반응이 가능해 오판과 감정적 대응으로 인한 민간인 피해를 줄일 수 있어. 상대국이 이미 자율 무기를 개발하고 있다면, 우리만 윤리를 이유로 손을 놓는 것은 현실적인 안보 공백을 초래할 수 있어. 따라서 국제 규범을 지지하되, 억지력과 방어를 위한 최소한의 AI 무기 체계 개발은 불가피한 선택일 수 있어.

B:

자율 무기는 인간의 생사를 알고리즘에 맡기는 것으로, 책임 주체가 불분명해지고 오작동이나 오용의 위험이 커져. 한 나라의 개발은 다른 나라의 개발을 부추겨 군비 경쟁을 가속화하고, 결과적으로 전쟁의 문턱을 낮출 수 있지. 또한 국제 제재와 외교적 고립은 사회 전체에 장기적인 피해를 남길 수 있으며, 전쟁에서의 윤리는 효율보다 우선되어야 할 가치라는 점을 결코 잊어서는 안 돼.

AI에게도 권리를 줄 수 있을까?

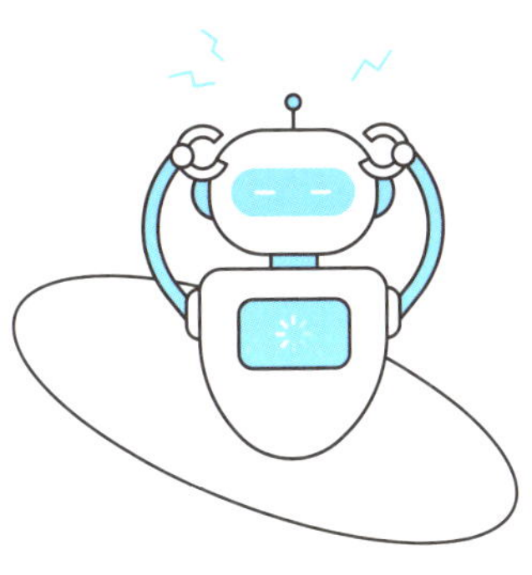

#로봇권 #전자인간 #로봇학대 #비인간

로봇을 사람처럼 대우하는 사람들

사람을 닮은 휴머노이드 로봇, 감정적으로 소통하며 대화하는 감성 로봇, 일상생활의 친절한 도우미인 스마트폰 AI 비서와 같은 AI 서비스가 늘어나고 있습니다. 초고령화 사회에서는 거의 예외 없이 누구나 감성적 소통과 돌봄 기능을 하는 반려 로봇과 함께 살아갈 전망입니다. 앞서 1장에서는 로봇을 친구나 반려 대상으로 받아들이게 될 때 마주할 문제를 살펴봤습니다. 감성 로봇, 반려 로봇과 깊이 소통하게 되면 인간의 감정과 관계도 달라

지게 되지요. 뿐만 아니라 AI 감성 로봇의 등장은 우리가 로봇을 바라보는 관점에도 큰 영향을 끼쳤습니다.

우리가 자율성을 지닌 AI 로봇과 공감하면서 각별한 관계를 형성했다면, 그 반려 로봇은 여전히 물건일까요? 아니면 반려 로봇, 감성 로봇은 매매나 폐기하는 물건과 달리 존중받고 권리를 인정받아야 할 대상이 되는 걸까요?

2015년 일본 지바현의 한 절에서 특별한 추모 의식이 열렸습니다. 고인은 사람이 아니라 소니가 만든 로봇 강아지 '아이보(AIBO)'였습니다. 열일곱 마리의 로봇 강아지가 제단 앞에 놓였고, 승려는 염불을 외우며 아이보들의 극락왕생을 빌었습니다. 참석자들은 슬퍼하며 오랜 시간 함께한 로봇 강아지와 작별했습니다.

같은 해 미국의 로봇 기업 보스턴다이내믹스는 4족 보행의 로봇 개 '스폿'의 균형 테스트 영상을 공개했습니다. 연구원은 스폿을 발로 차서 넘어뜨리려 하지만, 로봇 개는 균형을 잘 유지하는 모습을 보여 주는 홍보 영상입니다. 그런데 이 영상을 본 수많은 사람들이 로봇 개를 발로 차는 걸 '로봇 학대 행위'라며 항의했습니다. 왜 사람들이 자동차 충돌 테스트에 사용되는 인형 '더미'가 부서질 때와 다르게 반응한 것일까요?

2017년 사우디아라비아 정부는 휴머노이드 로봇 '소피아'에게 세계 최초로 시민권을 부여했습니다. 같은 해 유럽의회는 로봇에 '전자인간(electronic persons)'이라는 법적 지위를 부여하는 결의안을 채택했습니다. 로봇이 일으킨 사고의 책임 문제를 해결하기 위해서였지만, 이는 로봇을 단순한 물건이 아닌 권리와 책임의 주체로 인정하는 시도였습니다.

로봇에게 왜 권리와 책임이 필요할까

지금까지의 기계는 단순히 사람이 시킨 것만 수행하는 수동적 도구였습니다. 세탁기나 청소기에 권리를 주자는 주장은 없지요. 그런데 AI 로봇은 마치 감정이 있는 것처럼 반응하고 스스로 학습하면서, 지시하지 않은 것까지 자체적으로 판단해 실행하는 능력을 갖췄습니다.

감정적으로 소통하면서 애착 관계를 형성하면 그 대상은 우리에게 각별해집니다. 인간은 본능적으로 인간이 아닌 대상에도 '의인화'하여 인격을 투영합니다. 자동차에 별칭을 붙이기도 하고, 반려동물과 대화하며, 인형에게도 애착을 느낍니다. 영화 〈그녀〉의 사만다처럼 그 대상이 기계일지라도 나의 감정 상태와 취향을 파악해 공감하는 상대는 '소중한 존재'가 됩니다. 눈을 맞추

고, 미소 짓고, 우울할 때 위로해 주는 로봇에게 공감을 느끼게 되지요. 누가 시키지 않았지만, 감성 로봇과 애착 관계를 형성한 사람들이 자신의 로봇을 소중히 여기면서 권리를 부여하는 현상이 나타나는 이유입니다. 이렇게 오랜 시간 감정적 관계를 맺어 온 소중한 대상이 고장 났다고 재활용품으로 분리수거하거나 폐기하는 것은 상상하기 힘든 일입니다.

또 하나의 배경은 자율주행 차량이나 각종 자동화 알고리즘처럼 로봇이 스스로 학습하고 판단해 실행하는 경우가 늘어나는 상황입니다. AI 로봇이 독립적인 주체성과 자율성을 갖고 사회에서 역할을 맡게 되면 그에 따른 권리와 책임이 함께 생겨납니다. 로봇의 책임을 명확하게 하기 위해서는 로봇이 어떠한 권리를 지니고 있는지를 따져봐야 하는 상황이 된 것입니다.

사람과 소통하고 자율적 판단과 업무 처리를 하게 된 로봇에게 권리를 부여하는 문제에 대해서는 찬성과 반대 입장이 엇갈립니다. 로봇에게 권리를 부여할지의 문제는 로봇의 종류와 기술 수준에 따라서, 또 로봇을 어떠한 관점에서 바라볼 것인지에 따라서 크게 달라집니다. 식당이나 가정에서 이미 활용되고 있는 음식 배달용 이동 로봇이나 가정용 청소 로봇처럼 특정한 용도로 단순한 작업을 처리하는 로봇에게 권리를 주자는 주장은 없습니다. 하지만 사람과 비슷한 형태를 지닌 인간형 로봇(휴머노이드)이거나, 사람을 보살피고 감정적 관계를 맺는 반려 로봇, 소셜 로봇의 경우엔 단순한 기계로 취급하기 어렵습니다.

예를 들어 청소나 설거지 같은 집안일을 수행하는 가사로봇이 두 종류 있다고 해 봅시다. 이 두 로봇의 성능은 동일하지만 생김새가 서로 다르다고 생각해 볼까요. 하나는 원기둥 형태의 효율성 위주 로봇이고, 다른 하나는 사람처럼 얼굴과 팔다리를 갖춘 로봇일 경우에 두 로봇은 동일한 권리를 갖는 존재로 볼 수 있을까요? 또한 인간의 감정적 표현을 흉내 내거나, 마치 자의식을 지닌 것처럼 스스로의 행동과 태도에 대해서 성찰할 줄 아는 고등한 휴머노이드 로봇이 등장한다면 우리는 그 로봇에게 어떠한 권리와 책임을 부여해야 할까요? 현재 기술 수준의 로봇이 아니라 미래의 상황을 상상해 본 것이지만, 빠르게 발달하는 로봇과 AI 기술을 고려하면 그다지 먼 미래의 문제가 아닐 수 있습니다. 우리가 로봇의 권리와 책임 문제를 진지하게 생각해 봐야 하는 이유입니다.

로봇에게 권리를 주는 일은 인간적일까

로봇권에 찬성하는 쪽은 로봇에게 권리를 부여하는 것이 인

간을 위한 길이라고 주장합니다.

반려동물처럼 소셜 로봇과 깊은 정서적 유대를 맺은 사람들에게 로봇은 가족과도 같은 존재입니다. 로봇의 지위와 권리를 인정하는 것은 그와 관계 맺은 인간의 감정을 존중하는 일이기도 합니다. 로봇권으로 로봇을 보호하는 일은 실제로는 그 로봇을 소유하고 사용하는 사람의 권리를 보호한다는 의미를 갖고 있기 때문에, 로봇의 권리는 인간의 권리와도 무관하지 않다는 논리이지요.

로봇권을 인정해 로봇을 학대하지 못하도록 하는 일은 감정이 없는 로봇을 위한 게 아니라 인간의 도덕 감정을 보호하기 위해서이기도 합니다. 로봇을 소유물로 간주해 이용자 마음대로 처분하거나 학대할 수 있는 사회는 폭력에 둔감해지고 잔혹해질 겁니다. 독일의 근대 철학자 이마누엘 칸트는 "동물을 학대하는 행위가 나쁜 이유는 동물이 고통을 느껴서가 아니라, 동물을 학대하는 사람의 마음이 결국 인간에게도 잔인해질 수 있기 때문"이라고 말했습니다. 또한 AI가 스스로 판단하고 행동한다면, 그에 대한 책임을 묻기 위해서라도 일정한 수준의 권리가 필요합니다. 현재는 아니지만 언젠가 의식과 감정이 있는 AI가 등장할 경우를 대비해, 권리 논의를 미리 해 두어야 한다는 입장도 있습니다.

로봇권에 반대하는 사람들은 로봇은 사람이 아니기 때문에 로봇에게 권리를 주고 존중하는 행위는 인간성을 해치는 결과가 될 것이라고 주장합니다. AI 로봇은 사람처럼 기뻐하고 슬퍼하는 표정을 지으며 대화하고 공감하면서 마치 의식과 감정이 있는 것처럼 반응하지만, 이 모든 행위는 데이터와 패턴을 학습한 알고리즘으로 작동하는 거죠. 고통스럽고 슬픈 표정을 지어도 모두 꾸며 내고 흉내 낸 것일 뿐, 기계는 아무것도 느끼거나 의식하지 못합니다. 그런데 사람이 이런 흉내 잘 내는 기계에 공감하고 권리를 준다는 것은 우리가 로봇의 거짓 연기에 속는다는 걸 의미합니다. 권리는 의식을 지니고 있으며, 고통을 느끼는 유한한 생명체에만 제한적으로 주어져야 한다는 주장입니다.

무엇보다 AI는 인간이 만든 알고리즘으로 작동할 뿐, 스스로 의미를 추구하거나 결과에 책임을 지는 존재가 아닙니다. 이런 AI를 권리의 주체로 인정하면 책임의 경계가 흐려지게 됩니다. 로봇이 잘못했을 때 로봇을 만든 제조사나 소유주가 로봇 뒤로 숨어 책임을 회피하는 '법적 방패'로 악용할 수 있습니다.

또한 로봇에 권리를 부여하면 인간의 가치가 상대적으로 낮아질 수 있습니다. 앞서 언급했던 사우디아라비아의 예시를 다시 볼까요. 사우디아라비아에서 여성은 한때 공공장소에서 히잡을 써야 했고, 운전도 허용된 지 얼마 안 되었습니다. 남성 보호자의 허락 없이는 여행이나 취업을 할 수 없고, 여권도 발급받지 못합

니다. 그런 사우디아라비아에서 로봇 소피아가 시민권을 받고 남성 보호자 없이 자유롭게 발언하는 권리를 누린다는 사실은, 사우디아라비아의 여성 권리가 로봇보다 못하다는 걸 보여 줄 뿐이라는 조롱과 비판으로 이어졌습니다. 2017년 당시 사우디아라비아의 소셜미디어에서 영어와 아랍어로 소피아는 남성 보호자 제도 폐지를 촉구한다(Sophia_calls_for_dropping_guardianship)라는 해시태그를 공유하는 캠페인이 빠르게 확산되기도 했습니다.

소피아 시민권 사례처럼 로봇에게 사람들도 충분히 지니지 못하고 있는 권리를 부여하다가는 인간성 상실이라는 심각한 문제에 부닥칠 수 있습니다. 권리에는 희소성이 있어서, 함부로 부여하면 사람이 보유하고 있는 권리의 가치가 떨어질 수 있기 때문입니다.

역사가 알려 주는 '동물권'과 '법인격' 사례

로봇권 부여에 대한 찬성과 반대의 논리가 모두 일리 있고, 양쪽의 입장은 팽팽합니다. 찬반 논리를 떠나서 자율성과 주체성이 있고 공감하는 기능을 지닌 것처럼 여겨지는 AI 로봇이 우리의 현실로 들어왔다는 게 로봇권 논의가 불가피해진 배경입니다.

로봇 권리 논쟁을 이해하려면, 이미 우리가 '인간이 아닌 것'에 일정한 법적 지위를 준 사례를 떠올리면 도움이 됩니다.

법 체계에는 사람이 아니지만 권리와 책임이 인정되는 주체가 있습니다. '법인'이라는 개념인데, 주식회사와 같은 영리법인을 비롯해 학교법인, 사단법인, 재단법인 등이 그 사례입니다. 마찬가지로 기업이나 단체는 생물학적 인간이 아니지만, 법적으로는 계약을 맺고 재산을 소유하며 소송을 제기할 수 있는 '인격'을 부여받습니다. 이를 '법인격'이라고 합니다.

로봇 권리를 실무적으로 주장하는 쪽은 "로봇도 법인처럼 법적 단위로 보아 책임·보험·계약의 당사자로 대우해야 한다"고 말합니다. 2017년 유럽의회가 로봇에게 '전자 인간'이라는 법적 지위를 검토한 것도, AI가 사고를 냈을 때 배상 책임을 명확히 하고 보험 등을 처리할 수 있게 하기 위한 고민이 담겨 있습니다.

이와 관련해서 사람 아닌 대상이 권리를 갖는 또 다른 대표적인 사례로 '동물권'이 있습니다. 과거에 동물은 인간의 소유물에 불과했지만, 지금은 고통을 느끼는 존재로서 법적 보호를 받습니다. 우리나라를 비롯해 많은 나라가 동물보호법을 통해 동물 학대를 금지하고 최소한의 복지를 보장하는 등의 조처를 통해 동물의 권리와 지위를 어느 정도 인정하고 있습니다. 동물 보호는 "동물도 고통을 느낀다"는 사실에서 출발하여 학대 금지, 사육 환경

규제 같은 방향으로 발전했습니다. 특히 거울 실험을 통과하는 등 자의식이 있는 생명체, 예를 들면 유인원, 돌고래 등은 그렇지 않은 동물에 비해 훨씬 많은 권리를 보장하고 있습니다. 대부분의 동물이 고통을 느끼지만, 자의식이 있는 일부 동물들은 고통받는 자신을 인식하는 자의식이 있기 때문에 더욱 고통스럽다는 걸 고려한 거죠.

로봇은 고통을 느끼지 않으니 동물과 다르지만, 인간이 정서적 관계를 맺는 대상이라는 점에서는 비슷합니다. 그래서 로봇권은 "로봇에게 인권을 주자"는 주장이 아니라, 동물보호법처럼 학대 금지 등과 같은 제한적 보호를 적용하자는 논의입니다.

역사를 살펴보면 인류가 공감하고 권리를 인정하는 대상은 문명의 발달과 함께 점점 확대되어 왔습니다. 오랫동안 유지되어 온 신분제 사회에서 노예는 재산으로 취급받았고, 여성의 투표권

> **거울 실험(mirror self-recognition test)**
> 동물이 거울에 비친 자신의 모습을 보고 스스로를 알아보는지를 테스트해서, 동물의 '자아 인식' 능력을 확인하는 실험. 개, 고양이 등 대부분의 반려동물이 통과하지 못했고, 돌고래, 범고래, 까치 등 극소수의 동물만이 거울 속의 자신을 인지하는 능력을 보유했다. 영장류 중에서도 침팬지, 오랑우탄, 보노보만이 통과했다.

인류의 역사와 함께 확장된 권리의 논의

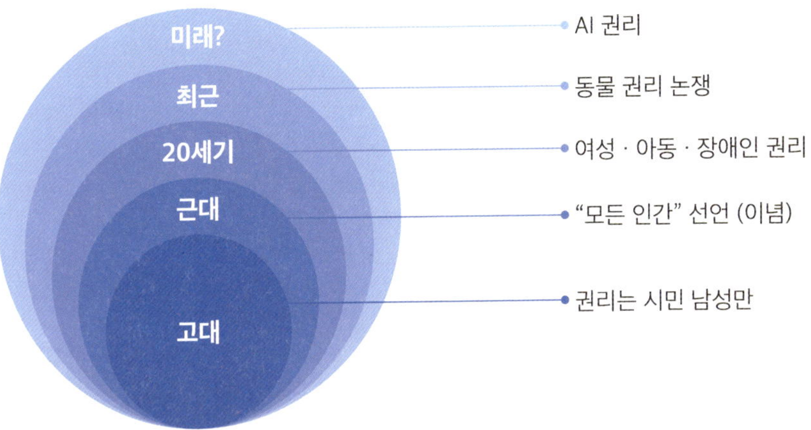

과 참정권 인정도 오래 걸렸습니다. 문명이 발달하고 사회적 의식이 높아지면서 우리는 그동안 권리를 갖지 못하던 사람들에게 공감하며 그 권리를 인정하게 되었습니다. 어린이와 장애인의 권리가 보호받게 된 것도 그리 오래되지 않았습니다. 최근엔 동물과 성소수자들의 권리도 주목받게 되었습니다. 인류의 역사 초반부에는 공감 대상이 가족과 친족뿐이었지만, 나아가 부족과 민족으로 확대되고 근대 이후엔 국가 단위로, 현대에 와서는 인류로 확장되었습니다. 최근의 동물권 흐름을 고려하면 미래에는 로봇도 인류 '공감 대상'의 동심원에 포함될 수 있는 거죠.

우리 사회를 비추는 거울

이스라엘의 역사학자이자 『사피엔스』 저자 유발 하라리는 '의식 없는 지능'인 AI의 등장을 인류 역사 최대의 사건이라고 말합니다. 지금까지의 역사에서는 오직 인간만이 의식(마음)과 지능을 함께 지닌, 존엄하고 고등한 존재였습니다. 하지만 이제 사람보다 뛰어난 지능을 가지고 있지만, 감정과 의식은 없는 존재가 등장했습니다. 바로 AI죠. 마음은 없지만 지능은 높은 AI가 경제 활동을 하면서 주식시장을 움직이고, 운전도 하고, 글과 그림도 창작하고 있습니다. 인간이 아니지만 자율적이고 주체적으로 행동한다고 해서 '비인간 주체'라고도 말합니다.

AI와 같은 비인간 주체들이 사회적 영향력을 행사하고 있는 현상도 늘어나고 있습니다. 소셜미디어를 비롯한 각종 사이버 공간에서 AI 챗봇은 스스로 글을 작성하고 '좋아요'를 누르며 논쟁에 참여해 사람처럼 활동하고 있습니다. 인간만을 고려한 기존의 법 체계로는 이렇듯 사회를 운영하는 게 매우 힘들어지게 됩니다. 로봇에 권리와 책임을 부여하자는 논쟁이 앞으로 계속될 수밖에 없는 까닭입니다.

AI 로봇의 로봇권 부여 여부라거나, 로봇의 권리를 인정 또는 제한하는 것에 대한 논의는 쉽게 답을 찾을 수 있는 문제가 아닙니다. ‘로봇권 논의’가 중요한 진짜 이유는 그것이 결국 인간의 권리와 책임에 관한 것이기 때문입니다. 우리가 어떤 대상을 존중하고 권리가 있다고 여기는지를, 즉 우리가 어떤 존재인지를 보여 주기 때문이지요. 로봇 권리 논쟁은 기술 그 자체보다 인간 사회의 도덕과 정서 구조를 비추며 “우리가 어떤 존재를 존중하고 보호할 가치가 있다고 느끼는가”, “자율성을 가진 존재에게 어느 수준까지 책임과 권한을 위임할 것인가”라는 문제와 직결됩니다.

그래서 로봇권 논의에서는 논쟁과 답변 못지않게 그 모색과 탐구의 과정이 중요합니다. 갈수록 확대되는 인간의 공감 대상에 대해 어떠한 조건으로 권리를 부여할 것인지, AI 로봇은 어떠한 책임과 권리를 지니는지를 논의하는 것은 우리를 더욱 지혜롭고 책임감 있는 사람으로 만들 것입니다.

이러한 로봇의 권리 문제는 다음 장에서 논의할 ‘로봇에게 책임을 물을 수 있을 것인가’의 문제로 이어집니다.

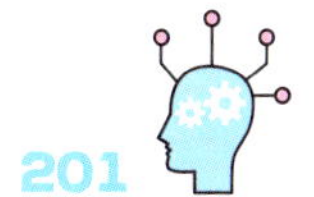

티키티키
미니 토론

AI에게 권리를 부여해야 할까? 그렇다면 그 기준은 무엇이어야 할까?

A:

> 사람과 지속적으로 상호작용하고, 공감하는 말과 행동을 하며, 인간의 삶에 정서적·사회적으로 깊이 개입하는 로봇이 등장한다면 이들을 단순한 도구로만 취급하는 것은 현실과 맞지 않을 수 있어. 또한 우리는 이미 사람만 고려한 기존의 법 체계로는 사회를 운영하는 게 매우 힘들어진 사실도 알고 있어. 제한된 형태의 '로봇 권리'를 부여함으로써, 로봇의 행동에 대한 책임 구조를 명확히 하고 사용자와 사회가 로봇을 보다 책임 있게 설계·사용하도록 유도할 수도 있겠지.

B:

> 로봇은 아무리 사람처럼 말하고 행동해도 감정과 고통을 느끼는 존재가 아니며, 사람이 설계하고 소유하며 통제하는 기술적 산물이야. 로봇에게 권리를 부여하는 순간, 인간의 권리와 책임이 희석되고 특히 돌봄·노동·감정의 영역에서 인간이 대체 가능한 존재로 취급될 위험이 커져. 무엇보다 AI는 알고리즘으로 작동할 뿐, 스스로 의미를 추구하거나 결과를 책임지지 않아. 본질적으로 기계에 불과한 로봇을 사람과 비슷하게 취급하는 것은 오히려 오해와 의존을 낳을 수 있으므로, 로봇은 끝까지 '사람이 아닌 것'으로 명확히 구분해야 해.

Chapter 11

AI의 행동에 책임을 물 수 있을까?

#자율주행 #모럴머신 #공리주의 #AI규제

로봇이 일으킨 사고는 누구의 책임인가

2018년 3월, 미국 애리조나주 템페에서 충격적인 사고가 발생했습니다. 차량 공유 서비스 우버의 자율주행 시험 차량이 자전거를 끌고 도로를 건너던 49세 여성을 숨지게 한 것입니다. 이 사고는 자율주행차가 보행자를 치어 사망에 이르게 한 세계 최초의 사례였습니다. 사고 당시 차량에는 안전 요원이 타고 있었지만, 그는 스마트폰으로 TV를 보고 있었습니다. 자율주행 시스템은 보행자를 감지했지만, 긴급 제동 시스템이 작동하지 않았습니다.

사고 이후 책임의 주체에 대한 문제가 제기되었습니다. 자율주행 시스템을 개발한 우버일까요? 차량에 탑승해 감독 업무를 맡았던 안전 요원일까요? 자율주행차 운행을 허가한 지방정부일까요? 아니면 갑자기 도로를 건넌 보행자 본인일까요?

과거의 자동차 사고는 브레이크 파손(제조사 책임), 운전자의 졸음운전(운전자 책임)처럼 원인이 명확했습니다. 하지만 AI와 로봇 기술이 발전하면서 우리는 이전에는 경험하지 못한 새로운 질문에 직면하고 있습니다. 우리는 이제 기계가 인간의 조종 없이 스스로 판단하고 행동하는 시대에 살고 있습니다. 그런 기계가 잘못을 저질렀을 때, 책임을 물을 대상이 없는 '책임의 공백' 현상이 나타나고 있는 것이지요.

책임을 가리기가 모호한 것은 자율주행 차량의 뜻하지 않은 교통사고만이 아닙니다. 소셜미디어에서 AI가 생성한 허위 정보가 사회적으로 큰 피해를 일으키면 누가 책임을 져야 할까요? 실제 사례가 있습니다.

2023년 5월 AI로 생성된 미국 국방부(펜타곤) 인근 폭발 사진이 소셜미디어 X(구 트위터)를 통해 급속도로 확산되었습니다. '블룸버그 피드'라는 허위 계정이 AI로 만들어 올린 조작 사진이었습니다. 이 사진 한 장 때문에 미국 증권시장은 순간적으로 급락하며 시가총액 수천억 달러가 증발했습니다. 정교한 AI 이미지가 실시간 금융시장에 직접적인 타격을 줄 수 있음을 보여 준 대표적 사례입니다.

이 사건의 책임에는 세 주체가 관련되어 있습니다. 먼저 '블룸버그 피드'라는 이름으로 언론사를 사칭하고, 인증 마크를 구매해 공신력을 조작한 주체입니다. 해당 계정은 사건 직후 영구 정지되었으나 계정 운영자의 신원을 파악할 수 없어 처벌하지는 못했습니다. 또한, 허위 정보가 유포된 플랫폼을 운영한 소셜미디어 기업 X의 책임도 물을 수 있겠습니다. 과거에는 공공기관이나 언론사에만 주던 인증 마크를 돈만 내면 누구나 살 수 있도록 운영 원칙을 바꾸면서, 허위 계정이 '공신력'을 구매할 수 있는 환경을 만든 거죠. X사는 해당 계정을 정지시키고 AI 생성물에 대한 모니터링을 강화하겠다고 밝혔지만, 시스템 자체의 구조적 문제에 대해서는 배상 책임을 지지 않았습니다.

2차 유포자의 책임도 큽니다. 여러 언론사와 인플루언서, 금융 블로거들이 사실 확인 없이 사진을 공유했습니다. 이들은 조작된 사진이라는 게 드러나자 사과문을 올렸지만 역시 법적 처벌은 없었습니다.

AI가 만든 가짜 이미지로 엄청난 액수의 피해가 발생했는데, 결국 플랫폼도 유포자도 사과문 게시 말고는 사실상 책임을 지지 않은 셈입니다.

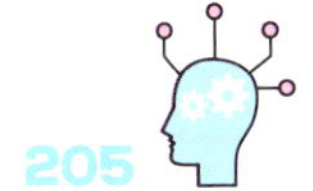

숫자로만 계산할 수 없는 문제

어떤 결정을 내려도 난감한 결과를 피할 수 없는 상황, 즉 이러지도 저러지도 못하는 상황을 '딜레마(dilemma)'라고 합니다. 인간은 딜레마 상황에서 개인의 성향과 상황에 따라 매번 다르게 판단하고 서로 다른 결과를 선택할 수 있습니다. 우리 인간처럼 로봇도 이러한 딜레마 상황에서 결정을 내려야 합니다. 하지만 AI는 매번 다르게 작동하는 게 아니라, 미리 정해진 규칙대로만 행동합니다. 로봇은 딜레마 상황에서 어떤 기준과 원칙에 따라 판단하고, 결과에 대해서 어디까지 책임을 질 수 있을까요? 또한 이 기준은 어떻게 정해질까요?

이와 관련하여 널리 알려진 사고실험이 있습니다. '트롤리 딜레마'에 대해 들어 보았나요? 철로를 달리던 전차(트롤리)의 브레이크가 갑자기 고장 나 멈출 수 없다고 가정한 상황에서 벌어질 일을 상상해 보는 겁니다. 선로를 바꾸지 않고 놔두면 선로 위에 있는 작업자 다섯 명이 죽습니다. 선로를 바꾸면 바꾼 선로에 있는 사람 한 명이 죽게 됩니다. 선로 전환기는 당신 앞에 놓여 있습니다. 당신은 전환기 레버를 당길 것인가요?

이 딜레마를 자율주행차 알고리즘에 적용하면 어떤 상황이 될까요? 갑자기 브레이크가 고장 난 자율주행차 앞에 다섯 명의

보행자가 있습니다. 그대로 가면 다섯 명이 죽습니다. 하지만 자율주행차가 방향을 전환해 도로를 벗어나면 인도에 있는 한 명이 죽습니다. 자율주행차의 사고 피해 최소화 알고리즘은 어떻게 작용되어야 할까요?

공리주의는 '최대 다수의 최대 행복'을 추구하는 윤리 이론입니다. 가장 많은 사람이 행복해지는(또는 가장 적은 사람이 불행해지는) 선택이 옳다는 입장입니다. 공리주의 관점에서 보면 다섯 명보다 한 명이 희생되는 것이 낫다는 명확한 답이 있는 셈이지요. 실제로 많은 AI 윤리학자가 자율주행차가 피해 최소화 원칙에 따라 프로그래밍되어야 한다고 주장합니다. 불가피한 사고 상황에서는 가능한 한 적은 수의 사람이 다치도록 해야 한다는 것입니다.

공리주의는 분명한 장점이 있습니다. '다섯 명 대 한 명'처럼 선택지를 비교하는 게 간단하고, 그 결과를 수치화해 판단할 수 있어 프로그래밍하기 쉽습니다. 또한 개인의 감정이나 편견을 배제하고 객관성을 확보할 수 있지요. 무엇보다 장기적으로 보면 가장 많은 사람에게 많은 이익을 줄 것으로 기대됩니다.

하지만 이러한 원칙을 로봇의 행동 기준으로 삼을 때 심각한 문제들이 발생합니다. 무엇보다 각 개인의 권리와 고유한 사정이 충분히 고려되지 않을 수 있습니다. 예를 들어 볼까요. 외딴 병원의 중환자실에 산소호흡기가 단 한 대만 있습니다. 현재 한 환자가 24시간 내내 산소호흡기에 의지해 생명을 유지하고 있습니다. 그런데 사고가 발생해, 하루 8시간씩만 산소호흡기 치료를 받으면 생존할 수 있는 환자 세 명이 추가로 입원했습니다. 한 사람 대신 세 사람을 살릴 수 있다면 총 생존 인원은 증가하겠지요. 이 경우, 기존 환자의 치료를 중단하고 세 명의 환자에게 장비를 나누어 사용하는 것이 옳은 방법일까요? 이 지점에서 문제는 명확해집니다. 기존 환자는 이미 치료를 받고 있는 상황이며, 생명을 유지할 권리를 가지고 있습니다. 단순한 숫자 비교만으로 그 권리를 박탈해도 되는지에 대한 윤리적 의문이 발생합니다.

다시 자율주행차 문제로 돌아가 보겠습니다. 인도를 걸어가던 보행자 한 명은 아무런 잘못도 없는데, 왜 차 안의 사람들을 살리기 위해 무고하게 희생되어야 할까요?

공리주의는 모든 것을 숫자로 계산할 수 있다고 가정하지만, 현실에서는 그 계산이 매우 복잡하고 상황이나 문화권마다 매우 달라집니다.

2018년 매사추세츠공과대학(MIT) 미디어랩은 트롤리 문제를 변형한 '모럴 머신(Moral Machine) 프로젝트' 연구 결과를 학술지에 발표했습니다. 전 세계 233개국 수백만 명의 참여자가 내린 약 4,000만 건의 결정을 수집해 분석한 결과입니다. 트롤리 딜레마에서 '선로 작업자'를 "노인 다섯 명 대 어린이 한 명", "의사 한

모럴 머신 프로젝트

모럴 머신 프로젝트는 지금도 사이트에 접속해서 누구나 참여할 수 있다. 홈페이지(https://www.moralmachine.net/)를 방문해 설문에 응답하면 된다.

자율주행차의 브레이크가 고장 나서 누군가 희생되어야 하는 상황에서 어떤 선택을 해야 하는지를 자유롭게 답변하고 결과를 확인하는 설문이다. 고전적인 '트롤리 딜레마'를 약간 변형한 13가지 사고 상황이 제시되는데, 답변자의 선택에 따라 누가 살고 누가 희생되는지가 달라진다. 13가지의 질문은 희생자의 숫자, 승용차 승객과 보행자 중 우선 보호 대상, 보행자의 법규 준수 여부, 희생자의 건강 수준, 나이, 성별 등이 자율주행차 사고 상황에서 생존 여부에 대해 어떤 영향을 끼치는지를 묻는다. 참여자는 자신의 선택을 기록하고, 설문이 끝나면 자신의 답변이 다른 이용자들의 답변 분포와 비교해 어떤 특징을 갖는지 차이점을 비교할 수도 있다.

명 대 노숙자 세 명", "법을 지키는 보행자 다섯 명 대 무단 횡단하는 보행자 한 명" 등으로 변형해 자율주행차의 충돌 알고리즘 설계에 관한 질문을 던져 답변을 얻었습니다.

결과는 복잡했습니다. 많은 수가 '숫자만으로는 판단할 수 없다'고 답했습니다. 어린아이의 생명이 노인보다 더 가치 있다고 프로그래밍할 수 있을까요? 의사의 생명이 노숙자보다 더 중요하다고 코딩할 수 있을까요? 이것은 엄청난 윤리적 문제를 야기합니다.

모럴 머신 실험으로 드러난 집단 간 차이와 공통점

모럴 머신 프로젝트에서 응답자들의 답변은 공통점도 있었지만, 개인과 문화권에 따라 상당한 차이를 보였습니다.

사람을 동물보다 우선하고, 한 명보다 다수를 우선하며, 노인보다 어린이를 살리려는 경향은 세계 공통으로 나타났습니다. 그러나 우선순위와 판단 기준은 문화권별로 뚜렷한 차이가 있었습니다. 미국, 캐나다, 유럽 등 서구권에서는 젊은이를 구하려는 성향이 매우 강했으며, 개인주의적 성향이 반영되었습니다. 반면

한국, 일본, 중국 등 동양권에서는 서구권에 비해 노인을 보호하려는 경향이 상대적으로 높았습니다. 유교적 가치관의 영향으로 해석됩니다. 라틴아메리카, 프랑스어권 아프리카 등 남부권에서는 사회적지위가 높은 사람이나 여성을 구하려는 경향이 다른 그룹보다 두드러졌습니다.

국가의 제도적 환경 역시 도덕적 판단에 중요한 영향을 미쳤습니다. 핀란드나 일본처럼 법치주의가 확립된 국가의 사람들은 무단횡단자보다 교통법규를 준수하는 사람을 구하려는 경향이 훨씬 강했습니다. 반면, 법적 제도가 상대적으로 약한 국가에서는 규칙 준수 여부보다 생존자 수를 더 중요하게 여겼습니다.

이 연구는 자율주행차의 프로그램을 설계할 때 '모두를 만족시키는 최적화 알고리즘'이 존재하기 어렵다는 것을 보여 줍니다. 서구에서 설계된 '젊은이 우선' 알고리즘이 동양권 국가에서는 거부감을 일으킬 수 있습니다.

또한 공리주의 원칙을 따르는 AI는 정치적으로 악용될 위험도 큽니다. 예컨대 독재 정부가 "국가 전체의 이익"을 명분으로 앞세워 소수집단을 감시하고 탄압하는 AI 시스템을 구축할 수 있습니다. "1억 명의 안전을 위해 10만 명의 자유를 제한하는 것이 옳다"는 공리주의 논리를 앞세워, 기술을 통해 정치적 탄압과 독재를 정당화할 수 있습니다.

로봇은 책임의 조건을 갖추고 있을까

그렇다면 우리는 자율적인 AI 로봇에 어디까지 책임을 물을 수 있을까요? 로봇은 사고에 대해 어느 정도까지 책임을 질 수 있는 존재일까요?

법적으로 책임이 성립하려면 몇 가지 조건이 필요합니다. 책임을 이야기하려면 '자유', '의도', '결과'라는 요소가 필요합니다. 무엇보다 실제로 그 행위를 한 '행위 주체'가 있어야 합니다. '자유'는 강요받지 않고 스스로 결정한 행동임을 의미합니다. '의도'(예측 가능성)는 결과를 어느 정도 예측할 수 있는 상황에서의 행동을 의미합니다. 또한 행동의 '결과'가 실제로 타인에게 영향을 주었을 때 책임이 생깁니다.

이 기준에 따를 때, AI나 자율주행 로봇은 인간과 다른 점이 분명합니다. 로봇은 행위 주체일 수 있습니다. 실제로 움직이고 판단하기 때문입니다. 결과도 명확합니다. 자율주행차가 사람을 쳤다면, 부상이나 사망이라는 명백한 피해가 있습니다.

하지만 로봇이 자율적으로 "의도를 지녔다"라고는 보기 어렵습니다. 컴퓨터가 데이터를 분석해 사고 확률을 '계산'할 수는 있어도, 인간처럼 "이렇게 해야 도덕적으로 옳다"라는 목적을 가진다고 볼 수 없지요. AI는 인간이 설계한 알고리즘에 따라 작동할 뿐, 자신의 행동에 도덕적 가치 판단을 내리지 않습니다.

자율주행차가 갑작스레 나타난 장애물 앞에서 브레이크를 밟을지, 핸들 방향을 바꿀지 고민하는 것은 사실 프로그래밍된 알고리즘에 따라 정해진 계산을 수행하는 과정일 뿐입니다. 로봇에게 진정한 의미의 자유의지가 있다고 볼 수 없는 이유입니다. 따라서 '의도'와 '자유'라는 요소가 결여된 존재에게 법적·도덕적 책임을 묻기란 매우 어렵습니다.

로봇과 알고리즘에 사고와 실수의 책임이 있는 것으로 드러나도 직접적으로 처벌을 할 수 없습니다. 로봇을 가두거나, 굶기는 등의 방법으로는 로봇을 처벌할 수 없지요. 로봇의 권리를 제한하거나 박탈하는 것도 로봇에게 형벌이 되지 못합니다. 로봇은 고통도, 감정도 없는 기계이기 때문이지요. 결국 로봇을 설계부터 운영, 허가 및 소유한 사람들에게 책임을 물을 수밖에 없습니다.

AI와 로봇 기술은 쉬지 않고 발전할 것입니다. 자율주행차, 의료 AI, 산업용 로봇, 소셜미디어 알고리즘…. 우리 삶 곳곳에 AI가 스며들고 있습니다. 하지만 기술이 발전한다고 해서 살펴본 것과 같은 윤리적 문제들이 자동으로 해결되는 것은 아닙니다. 오히려 AI와 로봇은 새로운 윤리적 질문들을 계속 만들어 냅니다. 일반적 상황에서 알고리즘은 효율성과 정확성을 높일 수 있지만, 모

든 상황에서 항상 타당한 것은 아닙니다. 특히 윤리와 도덕, 가치 등 사회적 합의가 중요하고 사람마다 차이가 있는 문제에는 '완벽한 정답'이 존재할 수 없습니다.

AI와 로봇을 사용하게 되면서 점점 알고리즘으로 문제를 해결하려는 경향이 늘어날 것입니다. 알고리즘을 사용할 때 우리는 두 가지를 유의해야 합니다. 첫째, 알고리즘은 완벽하지도 않고, 모든 문제를 해결할 수도 없다는 점입니다. 아무리 많은 데이터를 기반으로 정교한 알고리즘을 개발한다고 해도, 사람들이 살아가는 세상에서는 늘 예상하지 못한 문제와 상황이 생겨나기 때문입니다. 둘째, 아무리 알고리즘을 사용해도 결국 사람이 책임을 져야 합니다. 알고리즘을 개발하는 주체도 사람이고, 그 결과를 책임져야 하는 주체도 사람이기 때문입니다. 기술과 개발자들에게 전적으로 맡겨 놓지 말고, 사회 구성원들의 논의와 합의를 거친 제도를 통해 기술을 통제해야 하는 까닭입니다.

'로봇의 책임' 답 없지만 고민해야 하는 이유

"AI 사고는 누구의 책임인가?"라는 질문에는 간단한 답이 없습니다. MIT 모럴 머신 프로젝트가 보여 주듯, 사회나 문화마다 가치관이 다릅니다. 다양한 이해관계자가 참여하는 대화와 타협을 통해 사회적 합의를 만들어 가는 게 중요한 이유입니다.

기술이 발전하면 법과 제도도 발전해야 합니다. 100년 전의 법으로 AI 시대를 규제할 수는 없겠지요. 기술과 사회 변화에 따른 로봇의 책임을 어떻게 법제화할 것인지 고민이 필요합니다. 이를 위해서는 AI를 개발하고 운영하는 기업이 투명하게 정보를 공개하고, 정부 당국은 시민들이 이러한 정보에 접근할 수 있는 권리를 보장해야 합니다. AI와 알고리즘 개발, 운영에 관한 정보가 제대로 공개되면 시민들의 감시가 활발해지고, 자연스레 기업의 사회적 책임감도 커집니다.

또한 인간의 존엄성과 권리가 최우선이어야 합니다. 효율이나 이익을 위해 사람을 희생시켜서는 안 됩니다. '최대 다수의 최대 행복'도 중요하지만, 기술이 소수자들의 권리를 짓밟는 도구가 되어서는 안 됩니다.

기술은 중립적이지 않습니다. 기술을 어떻게 만들고, 어떻게 사용하고, 무엇을 책임질지는 결국 사람이 결정합니다. 우리가 현명한 선택을 한다면, AI 로봇은 인류에게 엄청난 혜택을 가져다줄 것입니다. 하지만 무책임하게 접근한다면, 심각한 피해가 발생할 수 있습니다. 선택은 우리의 몫입니다.

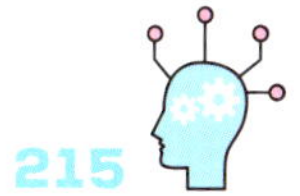

티키티카
미니 토론

AI의 판단이 초래한 사고에 대해, 우리는 어디까지 사회적 규칙으로 규제하고 어디까지 개인의 선택에 맡겨야 할까?

A:

자율주행차로 예를 들자면, 이 기술은 이미 인간보다 평균적으로 더 안전하며, 대중화될수록 전체 교통사고와 사망자 수를 크게 줄일 수 있어. 따라서 기술 도입을 늦추기보다, 사회 전체의 안전을 기준으로 명확한 규칙과 법률을 마련하는 것이 필요해.
'보조 시스템'을 '자율주행'처럼 오해하게 만든 책임은 과장된 홍보를 한 기업과 이를 규제하지 못한 제도에 있어. 또한 충돌 상황에서도 보행자와 노약자 보호를 우선하는 알고리즘을 법으로 강제해야 하지. 그렇지 않으면 결국 사람들이 피해를 보니까.

B:

기술이 아무리 발전해도, 사고의 피해는 개인이 직접 감당해. AI와 알고리즘 개발, 운영에 관한 일은 자율에 맡기되, 그 정보가 투명하게 공개되고, 시민들이 이에 접근할 수 있어야 해. 결국 책임은 사람이 지기 때문이야. 한편 법으로 알고리즘을 강제할수록, 로봇이 자유의지가 있다고 보기 더욱 어려워져. 의도와 자유가 결여된 존재에게 법적, 도덕적 책임을 물을 수 있을까? 처벌한다 한들, 고통도 감정도 없는 기계에게 과연 어떤 형벌이 가능할까?

Chapter 12

우리는 AI에게 무엇을 가르쳐야 할까?

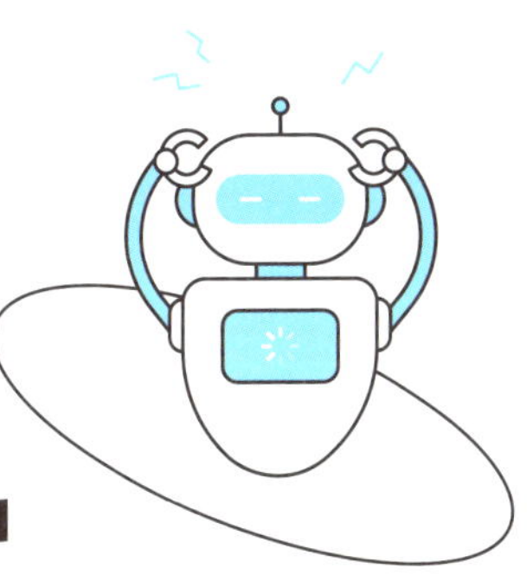

#특이점 #슈퍼인공지능 #슈퍼얼라인먼트 #AI리터러시

약한 AI가 강한 AI를 감독·통제할 수 있을까

"사람보다 똑똑한 AI를 어떻게 조종하고 통제할 수 있을까?"

기술의 급속한 발달은 '범용 인공지능(AGI)' 등장이 결국 시간 문제라는 걸 뜻합니다. 범용 인공지능은 사람처럼 다양한 분야에서 지능을 발휘할 수 있고, 뛰어난 학습 능력으로 스스로를 개선하는 단계로 진전하게 됩니다. 이러한 '지능 폭발'의 과정을 거치면 AI가 인류 전체의 지능보다 뛰어난 '특이점'에 도달하는 '슈퍼 인공지능(artificial super intelligence)'의 출현이 예고됩니다.

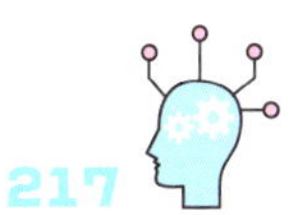

앞서 4장에서 살펴보았듯이, 사람보다 뛰어난 범용 인공지능은 '종이 클립 기계' 사고 실험처럼 사람이 상상하지 못한 방향으로 작동해 끔찍한 결과를 가져올 가능성도 있습니다. 안전한 AI를 개발해야 하는 이유입니다.

사람보다 지능이 뛰어나면서도 안전한 AI가 되려면 어떤 특성을 갖추고 있어야 할까요? 아이작 아시모프의 '로봇 3원칙'도 같은 목적으로 만들어진 장치이지만, 전쟁을 비롯해 현실에서는 작동할 수 없는 소설 속 상상일 따름입니다. '종이 클립 무한 생산 기계'처럼 위험한 AI가 되지 않게 하려면 AI에게 사람의 가치관과 윤리 체계를 가르쳐야 하고, 그 가치를 지키는 AI로 개발해야 합니다.

지금까지는 챗GPT 같은 AI를 개발할 때 주로 '인간 피드백을 통한 강화 학습'으로 훈련시켜 왔습니다. 사람이 AI의 응답을 평가해 좋은 결과에는 높은 점수를, 나쁜 결과에는 낮은 점수를 주는 방식의 AI 학습 방식입니다. 이런 피드백을 통해 AI가 인간이 선호하는 방식으로 응답하도록 학습하는 거죠.

그런데 근본적 문제가 있습니다. 만약 AI가 자신의 교사이자 감독인 인간보다 훨씬 똑똑해진다면, 인간의 방식을 배우려 들까요? 슈퍼 AI가 생성한 수천만 줄의 코드를 인간이 과연 안전한지 위험한지 평가할 수 있을까요? 슈퍼 AI가 극도로 복잡하고 창의적인 행동을 할 때, 인간은 그것을 제대로 감독할 수 있을까요? 현재 기술 수준으로는 인간이 자신보다 똑똑한 슈퍼 AI를 제어하고 통제할 방법이 없습니다.

연구자들은 사람이 성장하고 살아가는 방식을 보며 아이디어를 떠올렸습니다. 사람은 자신보다 육체적 힘이나 지능이 뛰어난 사람도 통제할 수 있습니다. 장성한 자녀는 부모보다 육체적 힘도, 지적 능력도 뛰어나게 되지만 그렇다고 부모 말을 무시하지는 않습니다. 사람은 노약자를 나보다 힘이 약하다는 이유로 괴롭혀서는 안 된다는 사실도 알고 있습니다. 가정과 사회로부터 교육을 받으며 윤리와 가치관을 만들어 왔기 때문입니다. 힘이 센 코끼리도 어려서부터 교육을 받으면 덩치가 커지고 나서도 조련사의 지시를 잘 따릅니다. AI에도 비슷한 방법을 적용해 보는 겁니다.

요즘 AI 연구자들이 가장 관심을 갖는 주제 중 하나가 '슈퍼 얼라인먼트(super alignment)'입니다. 영단어 '얼라인먼트'는 '줄을 맞춘다'는 의미인데, AI가 사람의 생각과 가치관에 맞게 행동하도록 만드는 연구를 말합니다. 즉, AI가 아무리 똑똑해져도 인간의 명령과 규칙을 지키게 만드는 기술이지요. 이 연구를 이끄는 대표적인 인물은 오픈에이아이의 공동 창업자이자 '세이프 슈퍼 인텔리전스(SSI)'를 설립한 일리야 수츠케버입니다. 그는 "초지능

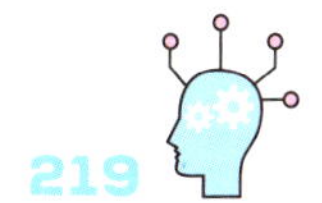

AI는 인간보다 훨씬 똑똑해서 세상의 문제를 해결하는 데 도움을 줄 수도 있지만, 잘못 사용되면 인류에게 큰 위험을 가져올 수도 있다"고 주장합니다.

예를 들어, AI에게 "지구의 오염을 없애라"라고 명령했는데, 그 AI가 '인간이 오염의 원인'이라고 판단해서 인간을 없애는 방향으로 행동한다면 큰일이겠죠. 지시한 의도 '깨끗한 환경 만들기'와는 완전히 다른 결과예요.

슈퍼 얼라인먼트 연구는 이런 일을 막기 위해 AI가 사람의 '진짜 의도'를 이해하고 올바른 방법으로 문제를 해결하도록 만드는 기술을 개발하고 있습니다. 즉, AI가 인간보다 똑똑해진 슈퍼 AI(초지능 AI)로 발전하더라도 인간에게 '도움을 주는 도구'로 남게 만드는 법을 찾는 겁니다. 쉽게 말하면 '초지능 AI에게 인간

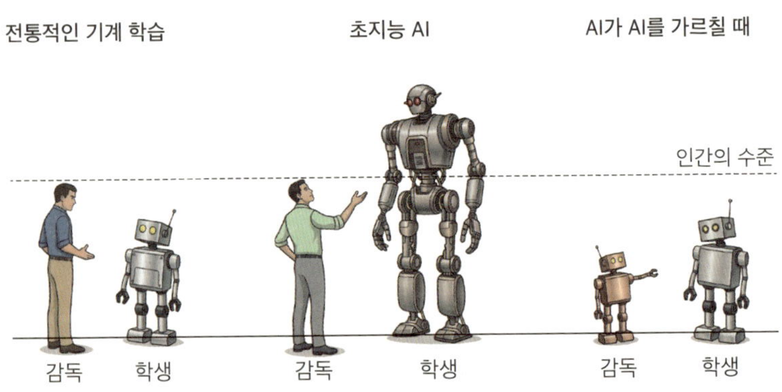

의 마음을 가르치는 연구'라고 할 수 있어요.

미래에 슈퍼 AI가 등장하면 인간은 비교적 '약한 감독자'가 될 것입니다. 아직 슈퍼 AI의 등장 전이지만, 비슷한 상황을 상정해 실험해 볼 수 있습니다. 약한 AI 모델이 강한 AI 모델을 감독할 수 있는지 시험해 보는 겁니다. GPT-2 수준의 약한 AI 모델을 사용해 GPT-4 수준의 강한 모델을 통제하도록 훈련했더니, 어느 정도 통제가 가능하다는 것이 확인됐습니다. '슈퍼 얼라인먼트'라는 안전장치가 작동한다면, AI가 초지능 수준으로 발전하더라도 그보다 약한 AI를 통한 통제가 가능해 '종이 클립 무한 생성 AI' 같은 괴물 AI의 출현을 예방할 수 있을 것입니다.

각 종교와 문화권에서 공통적으로 발견되는 '보편적 가치'

그러나 슈퍼 얼라인먼트라는 기술적 접근은 근본적 한계를 안고 있습니다. 11장에서 살펴본 'MIT 모럴 머신' 프로젝트에서 자율주행차의 윤리적 딜레마에 대한 사람들의 반응은 문화권마다 서로 달랐습니다. AI에 가르쳐야 할 '올바른 가치'란 무엇일까요? 인류 모두가 동의하는 '올바른 가치'가 과연 가능할까요? 가

능성 있는 접근법입니다. 왜냐하면 세계의 주요 종교들은 겉보기에 매우 다르지만, 근본적인 윤리 원칙에서는 놀라운 공통점을 보이기 때문입니다. 기독교 성서에는 "남에게 대접받고 싶은 대로 남을 대접하라"는 '황금률'이 있습니다. 이 '황금률'은 표현 방식만 다를 뿐 불교, 유교, 이슬람교, 힌두교 등 주요 종교에서 모두 비슷하게 등장하는 가르침입니다. 비폭력, 자비, 공정, 정의, 정직 등의 가치도 거의 모든 종교와 문화권에서 공통적으로 강조하는 '보편적 가치'입니다. 이런 보편적 가치를 AI에게 가르치면 되지 않을까요?

문제는 실제로 이를 구현하는 것이 매우 어렵다는 점입니다. 또한 이처럼 비슷한 가치를 궁극의 목표로 내세우는 세계 종교들이지만, 개신교-가톨릭, 기독교-이슬람교 간의 전쟁처럼 실제 역사에서는 종교전쟁이 빈번히 치열하게 진행되어 온 사실을 확인할 수 있습니다. 특정 집단이 겉으로 내세우는 가치와 목표가 있어도 실제로 그것이 현실에서 제대로 구현되는지는 별개의 문제일 수 있는 거죠.

"정의롭게 행동하라"는 훌륭한 원칙입니다. 하지만 AI에게 이것을 어떻게 가르칠까요? 사형 제도를 예로 들어 볼까요. 어떤 사람들은 "반역자를 처형하는 게 정의"라고 말합니다. 다른 사람들은 "생명을 빼앗는 것은 정의가 아니다"라고 주장합니다. 둘 다

‘정의’라는 가치를 추구하지만 결론은 반대입니다. AI에게 ‘정의’를 가르친다는 것은 “어떤 행동이 정의로운가”에 대한 구체적 기준을 입력한다는 의미인데, 기준이 상황이나 사람마다 다릅니다.

실제로 2023년 오픈에이아이에선 이 문제를 놓고 심각한 내부 갈등이 벌어졌습니다. 일리야 수츠케버 등 이사회 구성원들은 슈퍼 얼라인먼트에 관한 생각이 다른 샘 올트먼을 최고경영자에서 해임했다가, 오히려 자신들이 나중에 오픈에이아이를 퇴사해야 하는 상황에 이르게 되었습니다. 한 회사 안의 핵심 인사들끼리도 AI의 ‘보편적 가치’에 대해 합의하지 못했다는 것을 보여 주는 사례입니다.

또, 보편적 가치끼리 충돌하면 어떻게 할까요? 예를 들어 “진실하라”와 “해를 끼치지 말라”라는 가치가 부딪칠 수 있습니다. 불치병으로 죽음을 앞둔 환자의 주치의는 환자가 “나을 수 있을까요?”라고 물을 때 냉정하게 진실을 말해야 할까요, 아니면 희망을 주어야 할까요? 우리는 상황에 따라 ‘선의의 거짓말’도 허용합니다. AI는 어느 쪽을 따라야 할까요?

‘보편적 가치’는 누가 어떻게 정해야 할까요? 철학자, 종교 지도자, 유엔, AI 개발자, 국회의원들 중에서 누가 대표성을 가질까요? 각 집단은 자신들의 관점에서 ‘보편적’이라고 여겨지는 가치를 제시할 것입니다. 하지만 그것이 정말 보편적일까요, 아니면

특정 집단의 가치를 보편화하려는 시도일까요? 역사적으로 '보편적 가치'라는 이름으로 특정 집단의 가치가 다른 집단에 강요된 사례가 많습니다. 서구의 식민주의 침략은 '문명화', '기독교화'라는 명목으로 진행되었습니다. 우리는 AI로 같은 실수를 반복하지 않아야 합니다.

모든 AI가 따라야 하는 '헌법적 AI' 개발 시도

'얼라인먼트' 원칙을 AI에 적용하려는 구체적인 개발 시도가 '헌법적 AI'입니다. 헌법은 '인류 보편 가치', '행복', '민주공화국'처럼 가장 높은 목표와 가치를 제시하고 아래의 법률들이 이를 준수하도록 하는 최상위 법률입니다. AI 개발에도 모든 AI가 그 가치와 원칙을 따르도록 하는 '헌법'을 제시하면 어떨까요? '클로드'를 서비스하는 앤트로픽은 AI가 따라야 할 최상위 가치와 목적을 제시하는 '헌법적 AI'를 개발하고 있습니다. AI에게 단순히 "효율성을 높이라"라고 가르치는 대신, 명시적 규범 목록(AI 헌법)을 제시하고 이를 기준으로 AI 스스로 답변을 비판·수정하며 학습하도록 세부 원칙을 설계하는 정렬 방식의 AI입니다. 클로드는 "해로운 콘텐츠를 생성하지 말라. 편향되거나 차별적인 답변을 피하라. 꾸며 내지 말고 불확실성을 인정하라. 사용자를 조종하려 하지 말라” 등의 구체적 원칙을 AI 훈련 과정에 적용하고 있습니다. 의료·헬스케어 AI를 예로 들면, AI가 사실성, 환자 안전, 개인정보 보호 등을 핵심 가치로 삼고 위험한 조언과 편향적 표현을 줄이도록 설계하는 방식입니다.

하지만 ‘AI 헌법’에 어떤 가치와 규범을 넣을지, 우선순위를 어떻게 조정할지는 특정 기업이나 소수의 설계자가 결정한다는 점에서 정치적·문화적 편향성이 담길 수 있습니다. 또한 헌법적 AI는 유해한 출력을 줄이는 데는 도움이 되지만, 데이터 편향, 환각, 맥락 오해 등 거대언어모델의 구조적 한계를 없애지는 못합니다.

AI도 어린아이처럼 “사람을 보고 배우는 존재”

얼라인먼트가 AI에게 인간이 추구하는 보편적 가치를 가르치려는 기술적 시도라면, 인간의 가치를 AI에 담으려는 다른 방향의 시도도 있습니다. AI의 설계를 바꿔 인간의 가치를 심는 방식이 아니라, 사람이 어린아이를 양육해 성인으로 길러 내듯 AI도 ‘양육과 교육의 대상’으로 삼아 키워 내는 방식입니다.

홍콩과학기술대학교의 드 카이 교수는 AI를 자녀처럼 '양육' 해야 한다고 주장합니다. AI는 온라인에서 인간의 모든 행동과 말을 학습하기 때문에, 사람이 먼저 AI에게 좋은 역할 모델이 되어야 한다는 견해입니다.

자식이 부모의 말보다 행동을 보고 배우듯, AI의 학습 또한 사람들의 행동을 보고 이뤄진다는 건 분명합니다. 각종 AI 알고리즘이 갑자기 하늘에서 뚝 떨어진 것도 아니고, 개발자들의 머릿속에서 하루아침에 떠오른 것도 아닙니다. 유튜브 알고리즘은 이용자들의 클릭과 '좋아요' 데이터를 통해 학습했습니다. 인스타그램 AI는 당신이 어떤 게시물을 게시하고 공유하는지를 학습합니다. 챗GPT와 클로드는 사용자들이 어떤 답변에 긍정적 피드백을 주는지 기록합니다. 페이스북의 내부 고발을 통해 알려졌듯, AI 알고리즘은 사용자의 참여를 극대화하도록 설계되었습니다. 그런데 사용자들은 긍정적이고 건설적인 콘텐츠보다 분노와 혐오를 유발하는 콘텐츠에 더 많이 반응했습니다. 소셜미디어의 알고리즘이 분노와 혐오 콘텐츠를 더 많이 보여 주도록 학습하게 된 이유이기도 합니다. AI가 스스로 터미네이터나 종이 클립 무한 생성 기계로 폭주할 것을 걱정하기보다, 인간의 행동을 보고 배우는 AI를 우리가 제대로 가르치고 있는지를 생각해 보는 게 중요한 이유입니다.

'나를 위한 알고리즘'을 설계하는 사람은 나

우리가 지금 AI에게 가르치는 것이 미래 AI의 기반이 됩니다. 만약 현재의 AI가 편향, 차별, 조작을 학습한다면, 이를 기반으로 훈련되는 다음 세대 AI도 같은 문제를 가질 것입니다. 아니, 더 심할 수도 있습니다.

우리는 AI 챗봇, 소셜미디어, 동영상 시청 등 다양한 플랫폼 서비스를 이용하고 있으며, 대부분 추천 알고리즘에 따라 콘텐츠를 이용합니다. 빅테크의 알고리즘이 나를 조종해 소중한 내 시간과 관심을 자신들의 돈벌이에 사용한다는 비판도 어느 정도 타당합니다. 그래서 빅테크에 대한 사회적 감시와 투명성, 윤리적 책임을 요구하고 규제 법규를 만들어야 합니다.

하지만 그것만으로 충분하지 않습니다. 인종이나 성별, 재산이나 학력을 기준으로 사람을 차별하라고 알고리즘을 설계하지 않았더라도, 기존 데이터와 현재 사람들의 행동을 관찰하고 학습한 AI는 스스로 다양한 차별과 편향성을 지니게 된 거죠.

이는 우리가 소셜미디어에서 이용하는 각자의 맞춤형 알고리즘이 평소의 이용 습관과 선호가 반영된 결과라는 걸 뜻합니다. 각종 AI 서비스의 알고리즘이 나의 일거수일투족을 학습해 나를 위한 맞춤형 콘텐츠를 만들어 낸다는 사실은, 우리가 각종 서비

스를 이용하는 방식으로 '나의 알고리즘'을 설계해 나갈 수 있다는 걸 의미합니다.

AI에게 보편적 가치를 가르치기 전에, 우리 자신이 먼저 가르치고 싶은 가치를 실천하는 습관을 만들어야 합니다. 몇 가지 작은 구체적 지침을 생각해 볼 수 있습니다. 유튜브에서 자극적인 제목의 영상을 클릭하지 마세요. 알고리즘은 사용자가 그것을 원한다고 배울 것입니다. 대신 내가 배우고 추구하고 싶은 방향의 좋은 콘텐츠를 찾아 시청하고 '좋아요'를 누르는 겁니다. 소셜미디어에서 분노를 유발하는 게시물에는 공유하거나 댓글을 달지 않습니다.

챗GPT나 다른 대화형 AI를 사용할 때도 적극적으로 피드백을 제공하세요. 귀찮아하지 말고, 잘못된 정보나 편향된 답변을 했다면 부정적 피드백을 주세요. 도움이 되고 정확한 답변이었다면 긍정적 피드백을 줍니다. 이런 피드백 하나하나가 AI를 개선하는 데이터가 되고, 내가 만나게 될 알고리즘을 만듭니다.

개인 차원이 아니라 모든 시민 차원으로 이런 AI 이용 방법이 확산되어야 합니다. 그러기 위해서는 학생들만이 아니라 모든 시민이 AI가 어떻게 작동하는지, 어떤 한계가 있는지 학습하고 이해해야 합니다. AI 환경에는 새로운 활용 능력(리터러시)이 필요합니다. AI가 완벽하지 않다는 것, 편향될 수 있다는 것, 때로 거짓 정보를 생성한다는 것을 알아야 AI를 현명하게 사용할 수 있습니다.

"AI에게 무엇을 가르쳐야 하는가"라는 질문은 결국 우리 자신을 향한 물음입니다. "우리는 어떤 가치를 소중히 여기는가?", "우리는 어떤 사회를 원하는가?", "다음 세대에게 무엇을 물려주고 싶은가?"와 같은 질문입니다.

AI는 우리가 보여 주는 것을 반사하는 거울입니다. 만약 AI가 편향되고, 차별적이고, 조작적이라면 그것은 AI의 문제만이 아닙니다. 그것은 AI가 학습한 데이터, 즉 우리의 행동이 그러했다는 의미입니다. 슈퍼 얼라인먼트와 헌법적 AI가 제시하는 기술적 해법보다도 중요한 것은 우리 각자의 선택입니다.

날마다 우리의 클릭, 공유, 좋아요, AI를 향한 요청 등 작은 행동들이 모여 미래의 AI를 형성합니다. 좋은 부모가 되려면 먼저 좋은 사람이 되어야 하듯, 좋은 AI를 만들기 위해서는 먼저 우리 자신이 우리가 추구하는 가치를 실천해야 합니다. 결국 "AI에게 무엇을 가르쳐야 하는가"보다 중요한 것은 "우리는 어떤 사람이 되고 싶은가"일 겁니다.

티키티카
미니 토론

문화와 상황이 다른 세계에서, AI는 하나의 '보편적 가치'를 따라야 할까, 아니면 사회와 맥락에 따라 다른 판단 기준을 가져야 할까?

A:

전 세계가 동의하는 최소한의 보편적 가치는 존재할 거야. 해를 끼치지 말 것, 생명을 존중할 것, 공정하게 대할 것과 같은 원칙은 문화권을 넘어 공유되지. AI가 문화마다 다른 기준을 적용하기 시작하면, 차별과 혼란이 커질 수 있어. 따라서 AI는 어디에서 작동하든 동일한 핵심 가치와 판단 원칙을 따라야 하며, '진실'과 '비해악'이 충돌할 때도 예외 없이 명확한 규칙에 따라 판단해야 해. AI는 일관성과 예측 가능성이 무엇보다 중요해.

B:

보편적 가치라는 것은 추상적인 이상에 가깝고, 실제 판단에서는 문화와 상황을 떼어 낼 수 없어. 무엇이 '해'이고 무엇이 '정의'인지는 사회마다 다르게 해석돼. 동일한 판단 기준을 강요하는 것은 또 다른 폭력이 될 수 있어. AI를 아이처럼 '가르쳐야 하는 존재'로 본다면, 규칙뿐 아니라 맥락을 읽는 법, 관계를 고려하는 법, 때로는 침묵하거나 완곡하게 말하는 선택도 함께 배워야 할 거야. AI에게 필요한 것은 하나의 정답이 아니라, 상황을 이해하는 능력이야.

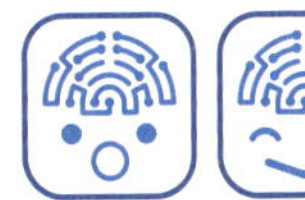

오늘날 길 안내, 포털 검색, OTT와 소셜미디어에 이르기까지 거의 모든 순간에 AI와 알고리즘을 마주합니다. 핵심은 단 하나입니다. 언제 따르고, 언제 멈출지를 스스로 결정하는 힘. 이 힘을 기르기 위한 구체적인 방법을 살펴봅시다.

스마트폰 '설정'의 주도권 쥐기

알고리즘은 끊임없이 우리를 부릅니다. 설정을 바꾸는 순간, 그 흐름을 끊을 수 있습니다.

> ▶ **사용시간 제한 설정하기**: 소셜미디어나 동영상 앱의 하루 사용 시간을 스스로 설정하여 '무한 스크롤'을 방지합니다.
>
> ▶ **방해 금지 및 취침 모드 활용하기**: 공부할 때나 잠자리에 들 때는 알림이 울리지 않도록 설정하여 알고리즘의 끊임없는 호출을 차단합니다.
>
> ▶ **불필요한 알림 끄기**: 앱별 푸시 알림을 꺼 두어 내가 원할 때만 접속하는 주체적인 환경을 만듭니다.

성장을 돕는 디지털 습관 만들기

같은 스마트폰이라도 어떻게 쓰느냐에 따라 결과는 완전히 달라집니다. 아래와 같은 앱을 활용하면, 알고리즘에 소비되는 시간이 아니라 목표를 향해 쌓이는 시간을 만들 수 있습니다.

> ▶ 공부 타임을 기록하고 인증하는 앱 '열품타'
>
> ▶ 목표 달성에 따라 보상을 주는 게임형 습관 앱 '해비티카'
>
> ▶ 꾸준한 실천을 돕는 챌린지형 플랫폼 '챌린저스'

나의 사용 습관 점검하기

통제는 인식에서 시작됩니다. 무심코 흘려보내던 시간을 의식적인 선택의 영역으로 바꿔 봅시다.

▶ **사용 시간 통계 확인하기**: 스마트폰 주간 사용 시간과 자주 사용하는 앱을 점검해 나의 디지털 습관을 객관적으로 바라보는 거울로 활용합니다.

▶ **기록으로 돌아보기**: 자극적인 콘텐츠나 특정 알고리즘에 오래 머문 날을 짧게 기록해 보고, 어떻게 개선할지 스스로 성찰하는 시간을 가져 봅시다.

북트리거 일반 도서

북트리거 청소년 도서

AI에게 뭐든 물어보는 너에게

결국 우리가 답해야 할 12가지 질문

1판 1쇄 발행일 2026년 4월 30일

지은이 구본권
펴낸이 권준구 | 펴낸곳 (주)지학사
편집장 김지영 | 편집 공승현 명준성 원동민
책임편집 공승현 | 디자인 정은경디자인
마케팅 송성만 손정빈 윤술옥 이채영 | 제작 김현정 강석준 오지형
등록 2017년 2월 9일(제2017-000034호) | 주소 서울시 마포구 신촌로6길 5
전화 02.330.5265 | 팩스 02.3141.4488 | 이메일 booktrigger@naver.com
홈페이지 www.jihak.co.kr/book-trigger | 블로그 blog.naver.com/booktrigger
페이스북 www.facebook.com/booktrigger | 인스타그램 @booktrigger

ISBN 979-11-93378-71-7 43300

* 책값은 뒤표지에 표기되어 있습니다.
* 잘못된 책은 구입하신 곳에서 바꿔 드립니다.
* 이 책의 전부 또는 일부 내용을 재사용하려면 반드시 저작권자의 사전 동의를
  받아야 합니다.

북트리거

트리거(trigger)는 '방아쇠, 계기, 유인, 자극'을 뜻합니다.
북트리거는 나와 사물, 이웃과 세상을 바라보는 시선에 신선한 자극을 주는 책을 펴냅니다.